O sonho de Sofia

ROMANCE ESPÍRITA

EDITORA EME

Solicite nosso catálogo completo, com mais de 400 títulos, onde você encontra as melhores opções do bom livro espírita: literatura infantojuvenil, contos, obras biográficas e de autoajuda, mensagens espirituais, romances, estudos doutrinários, obras básicas de Allan Kardec, e mais os esclarecedores cursos e estudos para aplicação no centro espírita - iniciação, mediunidade, reuniões mediúnicas, oratória, desobsessão, fluidos e passes.

E caso não encontre os nossos livros na livraria de sua preferência, solicite o endereço de nosso distribuidor mais próximo de você.

Edição e distribuição

EDITORA EME
Avenida Brigadeiro Faria Lima, 1080 - Vila Fátima
CEP 13360-000 - Capivari-SP
Telefones: (19) 3491-7000 | 3491-5449
Vivo (19) 9 9983-2575 | Claro (19) 9 9317-2800
vendas@editoraeme.com.br - www.editoraeme.com.br

LÚCIA COMINATTO

O sonho de Sofia

ROMANCE ESPÍRITA

Capivari-SP
– 2021 –

A Editora EME mantém o Centro Espírita "Mensagem de Esperança" e patrocina, junto com outras empresas, instituições de atendimento social de Capivari-SP.

2ª reimpressão - junho/2021 - de 4.001 a 5.000 exemplares

CAPA | André Stenico
DIAGRAMAÇÃO | Victor Benatti
REVISÃO | Sônia Rodrigues Cervantes

Ficha catalográfica

Cominatto, Lúcia, 1929-2017
O sonho de Sofia / Lúcia Cominatto - 2ª reimp. jun. 2021 - Capivari-SP: Editora EME.
192 p.

1ª ed. nov. 2014
ISBN 978-85-66805-46-8

1. Romance espírita. 2. Lei de ação e reação. 3. Amor e perdão.
I. TÍTULO

CDD 133.9

Sumário

Prefácio

PRIMEIRO ROMANCE DE autoria de Lúcia Cominatto, isto é, que não é fruto de psicografia. Essa é uma questão que gostaria de comentar e convidar o leitor a uma reflexão, partindo da premissa de que todo escritor também é médium. Peça a um escritor que redija um texto, se, no momento, ele tiver inspiração, com um pouco de técnica pode desenvolver alguma coisa. Mas o bom texto, aquele que tem valor literário, esse não prescinde da inspiração. Os grandes poetas sempre invocaram as divindades inspiradoras, cada um possuía "sua musa".

Segundo Allan Kardec, no capítulo 161, item 190 de *O Livro dos Médiuns* "médiuns inspirados são aqueles a quem os Espíritos sugerem ideias, quer relativas aos atos ordinários da vida, quer com relação aos grandes trabalhos de inteligência."

Logo, amigos, a questão da qualidade não se deve ao fato de um livro ser psicografado ou não, se o autor é encarnado ou desencarnado. O que deve importar é o seu conteúdo, a possibilidade de provocar a criatividade do leitor, para que vá participando do enredo, criando na mente o mundo sugerido como se fosse real. Temos que levar em conta também o poder de emocionar, convencer, ensinar, distrair e, no caso do livro espírita, evangelizar.

Baseando-me nesses quesitos, posso afirmar que o romance *O sonho de Sofia*, por sua característica de obra comprometida com os princípios da doutrina espírita, vai criando na imaginação do leitor um contexto de vivências e relacionamentos, entrelaçando vidas num conflito ao longo de três encarnações. Convence-nos, por tratar de acontecimentos perfeitamente encontráveis num mundo de provas e expiações: traição, inveja, vingança, ciúme que provocam comportamentos equivocados, cujas consequências só poderiam causar enfermidades e degradação moral.

Contudo, o progresso é lei da vida, e a espiritualidade programou a encarnação de cada personagem, permitindo que o destino agisse em favor daqueles que, envolvidos num passado de erros, pudessem arcar com a responsabilidade dos seus atos e tivessem a oportunidade de testemunhar o perdão. O contato com a doutrina espírita vai esclarecendo e despertando os irmãos em confronto, ensinando que a dor é um grande instrumento de entendimento e liberação de clamorosos débitos.

Para reforçar, pessoas já evangelizadas, propensas ao bem veem equilibrar e sustentar a renovação daquelas criaturas engolfadas nos sentimentos provocados pela ilusão, orgulho e desforra. Destaca-se Sofia, o anjo consolador, que reúne ao redor de si todas aquelas almas e, através de sua mediunidade missionária vai semeando a concórdia, a compreensão, a saúde e o amor.

Dignos de nota também são os excertos compilados junto a *O Evangelho segundo o Espiritismo*, presentes no final de cada capítulo, fechando-o com chave de ouro, atendendo ao propósito espírita de evangelização.

Concluindo, recomendo a leitura da presente obra, informando ao leitor que aqui encontrei emoção e ensinamentos, passando horas de agradável leitura.

Isabel Scoqui

08/09/2014

Apresentação

EMBORA ESTE NÃO seja um livro psicografado, como os demais da Irmã Maria do Rosário já publicados anteriormente, não posso dizer que não houve nenhuma inspiração espiritual, pois à medida que escrevia, muitas ideias não preconcebidas iam brotando em minha mente.

Bastava iniciar algum novo capítulo, para que surgissem ideias que o direcionassem a alguma sequência do assunto ou que tomassem um outro rumo. Conforme escrevia, as cenas iam passando em minha mente, conseguindo visualizá-las como se fossem reais.

E foi assim que, aos poucos, foi surgindo este pequeno romance. Digo, aos poucos, porque foi um trabalho realizado sem pressa, como uma nova experiência, chegando a ficar parado por semanas e semanas ou até por alguns meses, sem que encontrasse condições de dar continuidade, e até deixá-lo, por algum tempo, como que abandonado.

Procurei adaptar as conotações espíritas na medida em que surgiam novos acontecimentos, porque, afinal, este pretendia ser mais um romance espírita, entre tantos outros que já existem no mercado, mas que procurasse levar aos leitores iniciantes um pouco mais de conhecimento dessa abençoada e consoladora doutrina, além dos ensinos morais, que sempre considerei como prioridade em minha vida de trabalhadora da seara espírita e aprendiz dos ensinamentos de Jesus.

Assim sendo, espero que aqueles que o lerem possam sentir-se mais reconfortados, por saberem o quanto a Justiça Divina tem agido em nosso favor diante de todos os problemas que estejamos enfrentando nesta jornada terrena para o nosso crescimento interior.

Tendo por foco o amor e o perdão perante a traição, que muitos de nós estamos sujeitos a sofrer, espero que esta obra, como as demais, também atinja os seus objetivos, ou seja, contribuir para evolução espiritual do ser humano.

E que o divino mestre Jesus a todos nós abençoe!

Grata pela atenção.

Lúcia Cominatto

São Paulo, fevereiro de 2014

1. A traição

MESMO EM MEIO ao silêncio da manhã, que surgia com o despontar dos primeiros raios de sol afastando as sombras da noite e tingindo o horizonte de róseas cores, na alma de Helena tudo estava negro e como que em ebulição. A dor que lhe corroía as entranhas não cessava, tal o desespero que a levou a uma noite insone.

O golpe sofrido e a desilusão enfrentada levaram-na a passar a noite remoendo o acontecimento da véspera que atingiu sua alma, não lhe permitindo adormecer para tentar, pelo menos por algumas horas, esquecer. Lágrimas abundantes banhavam-lhe a face, que apresentava ritos de dor.

– Por que... por que... por quê? – perguntava insistentemente a si mesma, sem encontrar nenhuma explicação.

O acontecimento da véspera fora doloroso demais para que pudesse serenar seu coração. A discussão que tiveram, culminando com a separação de Flávio, foi por demais violenta, chegando quase à agressão física, que só não aconteceu pela aproximação da filhinha Sofia que, assustada com os gritos, pôs-se a chorar.

Helena não conseguia tirar da lembrança a traição de seu marido com Carminha, sua melhor amiga.

Por um descuido de Flávio, aquela carta reveladora ficara esquecida sobre a mesa da escrivaninha, entre alguns papéis, ao retornar à construtora onde trabalhava, após ter ido almoçar em casa, naquele dia, como às vezes fazia. Esquecimento fatal, pois assim que ele saiu, Helena, que gostava de manter a casa sempre na mais absoluta ordem, foi verificar se Flávio não havia deixado o seu escritório desarrumado, com pontas de cigarro no cinzeiro ou papéis amassados no cesto. Porém, ao ajeitar os papéis que estavam sobre a escrivaninha, reconheceu num envelope a letra de Carminha, o que despertou sua curiosidade.

Não resistindo ao impulso de saber o porquê da amiga enviar uma carta ao seu marido, fechou a porta para ter mais privacidade. Ao abrir o envelope, iniciou a leitura e, qual não foi a sua surpresa ao ler, já nas primeiras linhas, palavras tão apaixonantes e reveladoras da traição de que estava sendo vítima.

– Como? – pensava ela. – Por quê? Sempre procurei ser uma esposa fiel e dedicada ao lar! O que eu teria feito para merecer essa cruel traição, e justamente com a minha melhor amiga!?

Foi se deixando envolver por sentimentos deprimentes, criando espaço na mente para infiltrações de espíritos vingativos, que lhe iam inspirando palavras de ódio e de revolta, que só faziam aumentar a sua dor. E, tão nervosa estava, que nem percebeu o carro de seu marido estacionando, novamente, em frente ao portão de entrada.

Estava ainda procurando entender os motivos que levaram essas pessoas queridas a agirem dessa forma para consigo, quando a porta se abriu repentinamente. Era Flávio que, ao se lembrar da carta que havia recebido pela manhã no trabalho, e que, por falta de tempo levara para casa a fim de ler na hora do almoço, mas que deixara esquecida em meio a outros papéis, apressadamente retornou a fim de levá-la de volta. Mas já era tarde. A sua traição havia sido descoberta.

- Helena, o que está fazendo? - perguntou ele aos gritos. - Por que está mexendo em meus papéis? Saia daqui imediatamente, pois tenho de procurar um documento esquecido, antes de voltar ao trabalho.

Embora Helena sempre fosse muito submissa ao marido, nesse momento, com o coração ferido e com a carta na mão, rebelou-se:

- E esta carta, Flávio? O que significa isto? Desde quando você e Carminha são amantes? - retrucou em desespero.

E, numa reação que só demonstrava a sua falta de caráter, Flávio, em vez de reconhecer seu erro e desculpar-se pelo mau comportamento, pôs-se a gritar:

- Você está delirando... Que história é essa de amantes? De onde você tirou isso?

- Está aqui a prova, Flávio, a carta que encontrei. Você não pode negar!

- Agora deu para ficar ciumenta? Bem que

você merecia ser traída, pois não tem sido a mulher que sempre desejei para mim, e que busquei quando nos casamos.

– E você dizia que me amava, me fazia juras de amor... Era tudo mentira, então?

– Não, não era mentira, eu a amava sim, mas você destruiu o amor que lhe dedicava, porque só tem olhos para cuidar da casa e da nossa filha, e pouca atenção me dá. Depois, diz que está cansada e recusa as minhas carícias quando estamos a sós. Assim agindo para comigo, aos poucos, fui me afastando de você, pois o que eu não tenho recebido em casa, passei a procurar nos braços de outra. Está satisfeita agora? Foi você mesma quem destruiu o nosso casamento, portanto, não tem do que se queixar.

– Mas isso é traição para comigo! Não esperava isso de vocês. Entretanto, eu nunca o traí. E o que você queria que eu fizesse, com uma casa enorme para cuidar e nossa filha para criar? Embora tendo a Marta para me ajudar, não paro o dia inteiro, sempre tenho tanta coisa a fazer!

– Isso é uma desculpa esfarrapada! Quantas mulheres, eu sei, que também cuidam de suas casas e até de mais filhos, e não deixam de ser carinhosas com seus maridos, alegando cansaço. E não adianta se desculpar pelo tamanho da casa, pois eu bem que insisti para mudarmos para outra um pouco menor e até mais nova e mais bonita, mas você não quis, alegando ser esta a casa que herdou de seus pais.

Assim, Flávio foi descarregando sobre ela tudo o que sua mente doentia lhe ordenava que falasse. Desesperada, Helena percebeu que, de vítima, aos olhos dele estava passando por culpada. E, num crescendo de mútuas acusações, Flávio decidiu por abandoná-la de vez e, extremamente irritado, foi saindo e dizendo aos gritos:

– Volto mais tarde para buscar minhas coisas!

E, sem falar para onde ia, bateu a porta e

saiu apressadamente. Helena concluiu que ele ia para os braços de Carminha.

Agora, só, em seu quarto, após a noite que passara sem conciliar o sono, com os olhos vermelhos e inchados de tanto chorar, Helena levantou-se e foi ao quarto de sua filhinha Sofia, de apenas três anos, com desejo de aconchegá-la em seus braços, mesmo estando ela ainda adormecida. E, mentalmente, perguntava:

– E agora, meu Deus, o que fazer da minha vida? E esta inocente criança, pobrezinha, como reagirá na ausência do pai? Ela não merecia presenciar a cena que presenciou.

Ao tocá-la, a menina acordou assustada e, lembrando-se do que vira na véspera, perguntou à mãe:

– Por que o papai estava tão bravo ontem? E você, mamãe... chorava tanto!... Para onde ele foi? Ele não volta mais?

Com as palavras da filhinha, Helena pôs-se a chorar novamente. Sofia, porém, na sua doçura de criança foi logo dizendo:

– Não "chora", mamãe, eu estou aqui com você!

Emocionada com as palavras da filhinha tão querida, apertou-a em seus braços com imensa ternura, esforçando-se por controlar as lágrimas.

A vida de Helena, porém, haveria de se transformar, literalmente, em razão do ódio que passou a cultivar no coração.

Sabemos, porém, que o ódio é uma força negativa que mais prejudica a quem o cultiva dentro de si.

> Infeliz daquele que diz: Eu jamais perdoarei! Porque, se não for condenado pelos homens, o será certamente por Deus.
>
> **E.S.E. (cap. X – item 4.)**

2. A tragédia

AINDA MUITO NERVOSO, Flávio ligou o seu carro e saiu em disparada à procura de Carminha, mas não a encontrou. Como tinha a chave da casa da amante, entrou e atirou-se num sofá e ficou a sua espera. Carminha, porém, ao retornar do colégio onde lecionava pela manhã, sabendo que naquela hora Flávio costumava estar na construtora trabalhando, saiu sem muita pressa para fazer algumas compras e, numa das lojas, encontrou uma amiga que não via há algum tempo e parou para conversar:

– Olá, Célia, como vai? Faz tempo que não a vejo. Por onde andou?

– Eu e meu marido estivemos viajando. Como ele exerce uma profissão liberal, resolveu tirar umas férias e, assim, fomos para a Europa. Lá ficamos por quase dois meses, conhecemos alguns países e visitamos várias cidades.

Contando detalhes da viagem, a conversa se prolongou e Carminha só conseguiu retornar no final da tarde.

Cansado de esperar por Carminha e esgotado por tudo o que aconteceu, e também por uma influência espiritual negativa, Flávio acabou adormecendo. Fora do vaso físico, em virtude da emancipação da alma, o que acontece durante o sono, viu-se na presença de duas entidades perversas e cínicas que gargalhavam pela situação vexatória que, por influência deles, Flávio passou com a descoberta da sua traição.

– E aí, seu malandro, que vergonha, não? – falou Otávio, um espírito de aparência perversa. – Já veio atrás da amiguinha para chorar sua desonra? Tem certeza de que ela o ama? Espere para ver o que ainda vai acontecer com você, e não pense que irá se livrar de nós. Dívida é dívida e estamos aqui para cobrar.

– Quem são vocês? De que dívida estão falando? Não devo nada a ninguém – respondeu Flávio, assustado.

– Não mesmo? E fugiu por quê? Veja isto então! – falou Rubens, o outro espírito de feições horrendas, e plasmou uma tela fluídica em que Flávio se via numa indústria montada em sociedade com dois amigos, e que logo reconheceu como sendo aqueles dois espíritos que lhe vinham cobrar pelo grande rombo que havia causado nessa indústria e que acabou falindo.

Aterrorizado, mas fingindo ignorar, Flávio respondeu:

- Não sei do que estão falando, eu não roubei nada, nem prejudiquei ninguém.

- Tem certeza? - perguntou Otávio. - Está achando que somos idiotas? Acha que não ficamos sabendo da conta bem gorda que tinha no exterior, e que lhe deu uma vida de milionário, enquanto nós ficamos passando por grandes dificuldades?

- Fiquei bem de vida sim, mas não roubei ninguém. Minha esposa recebeu uma herança de um tio muito rico e viemos para cá para ela receber o dinheiro. Encantados com a vida pacata desta cidadezinha, resolvemos morar aqui. Eu sabia que a nossa indústria poderia falir e, provavelmente, ficaríamos sem trabalho.

- Seu malandro! Além de ladrão, mentiroso! Pois nós investigamos bastante até encontrá-lo e quando descobrimos o seu paradeiro, resolvemos vir atrás de você para cobrar o que é nosso. Mas o ônibus que tomamos para viajar derrapou numa curva, por causa de uma carreta, e acabamos despencando de um barranco. Morri na hora - falou Rubens - e o Otávio foi levado para um hospital, mas acabou falecendo também.

E Rubens completou:

- Fiquei muito revoltado, pois tinha o rosto desfigurado e culpava você pelo que me aconteceu. Algumas semanas depois, também Otávio foi levado ao mesmo hospital deste plano em que eu me encontrava, mas igualmente revoltado e ainda sentindo muitas dores.

No plano espiritual também existem hospitais, onde são recolhidos e tratados muitos espíritos recém-desencarnados ou aqueles que por muito tempo permaneceram no Umbral em estados lastimáveis.

- Certa manhã - continuou Rubens - quando eu passeava pelo jardim do hospital, vi Otávio sentado num banco, um tanto distante de mim, acompanhado por um enfermeiro.

Procurei me aproximar. Mas com o meu rosto deformado não me reconheceu, de imediato, quando me dirigi a ele:

– Otávio, meu amigo, é você mesmo?

– E você quem é? – perguntou Otávio.

– Não me reconhece? – eu sou o Rubens. Não sabia que também havia morrido!

O enfermeiro, porém, fez sinal para que eu me calasse, pois Otávio ainda não havia tomado conhecimento da sua desencarnação. Mas já era tarde. Assustado, ele me perguntou:

– Como assim, morto? Não pode ser... eu me sinto vivo, bem vivo, apesar de muito machucado!

– É porque, como me disseram aqui, a morte não existe, o que morre é o corpo e não a alma. A dor que sente é apenas reflexo do corpo, pelo perispírito, que é o nosso corpo espiritual, ou seja, o envoltório da alma.

– Nossa, quanta coisa você aprendeu aqui! Mas, afinal, o que foi que aconteceu de verdade? – perguntou Otávio. – Só me lembro que estávamos viajando para irmos atrás do safado do Flávio, que nos roubou.

– Embora o enfermeiro quisesse amenizar a situação e, ao mesmo tempo nos aconselhar a perdoar, o ódio que sentíamos por você era muito grande! – falou Rubens. – Tivemos outros encontros quando passeávamos pelas dependências do hospital e, sem que ninguém percebesse, resolvemos arquitetar um plano de vingança. Fugimos dali para procurá-lo, perambulamos por muito tempo, e agora que o encontramos chegou a sua vez de pagar por tudo que nos fez passar.

– É mentira tudo isso – retrucou Flávio, cada vez mais apavorado. – Não fui eu quem deu o desfalque. Deve ter sido aquele funcionário novo, que nos parecia ser de confiança. É claro! Só pode ter sido ele... É mentira! É tudo mentira o que vocês dizem!

Mediante tais palavras, como duas feras, avançaram sobre Flávio, querendo esganá-lo e chamando-o de ladrão.

Desesperado, Flávio pôs-se a gritar, pedindo socorro. Embora estando num sono pesado, gritava tão alto que as pessoas que passavam pela rua puderam ouvi-lo e, assustadas, acreditando tratar-se de algum crime e não podendo penetrar na casa para socorrer, chamaram a polícia. Esta logo chegou, e alguns policiais arrombaram a porta para poderem entrar, já que ninguém abria, por mais que batessem.

Com o barulho, Flávio despertou e, se deparando com os policiais, ainda assustado e envergonhado, foi logo explicando que tudo não passara de um pesadelo terrível.

Enquanto isso, a noite já principiava a estender o seu manto sobre a cidade, encobrindo os últimos raios de sol.

Após a saída dos policiais, Flávio ficou pensando nas explicações que deveria dar a Carminha a respeito de tudo o que havia acontecido: sua traição descoberta, a discussão que tivera com a esposa e que culminou com a separação, e até o porquê do arrombamento da porta. E, recordando vagamente do sonho que tivera, ficou a pensar se teria sido mesmo um sonho, pois tudo lhe parecera tão real que ainda sentia os efeitos do pavor que o dominou.

Nisso, ouviu o barulho do carro de Carminha estacionando em frente ao portão. Levantou-se do sofá, com as pernas ainda cambaleantes e, sem acender a luz da sala, apoiou-se num móvel e ficou esperando que ela entrasse.

Carminha, porém, vendo a porta de sua casa arrombada, logo suspeitou de um assalto e, antes de descer do carro, retirou do porta-luvas um revólver que ali trazia escondido e que Flávio mesmo lhe havia dado, como proteção por morar sozinha, mas que ela preferia levar consigo quando dirigia.

Empunhando a arma, Carminha foi entrando com cautela. Mas, como a sala estava na penumbra, já que todas as janelas se encontravam fechadas, não reconheceu Flávio no vulto que percebeu e, antes que ele gritasse ou dissesse alguma coisa, Carminha, muito nervosa, foi logo atirando.

Só então, ao acender a luz, foi que viu que atirara em Flávio que, sangrando muito, ficou estendido no chão.

– Flávio, Flávio, o que fiz com você? Perdoa-me, meu amor! – gritava Carminha, em desespero, enquanto se debulhava em lágrimas.

Ao ouvirem o tiro, curiosos se aproximaram para ver o que havia acontecido. Uma ambulância foi chamada e Flávio, desacordado, foi conduzido ao hospital.

No plano espiritual, as duas entidades regozijavam-se ao verem o acontecido, julgando-se quites com o resultado da vingança planejada há tanto tempo!

– Agora estamos vingados! – disse Rubens.

– E que bela vingança! – completou Otávio.

Como que ignorando a tragédia, no fundo azul do céu, as primeiras estrelas já brilhavam.

O espírito mau espera que aquele a quem quer mal esteja encerrado em seu corpo, menos livre, para mais facilmente o atormentar.

E.S.E. (Cap. X – item 6.)

3. A vingança de Helena

HELENA CARREGAVA NO coração tanto ódio que, por mais que Marta, a serviçal, quisesse consolá-la, não conseguia encontrar um pouco de serenidade.

– Não... Esses dois não merecem o meu amor. Eles não perdem por esperar. Deus é justo e não vai deixar as coisas ficarem assim. Disso, eu tenho certeza!

Embora tivesse sido uma esposa relativamente boa e honesta, que procurava respeitar o marido, mesmo sem ser respeitada, Helena ainda não compreendia a justiça divina, que é sempre baseada na lei do amor.

E é justamente essa lei que permite a dor, para que as criaturas humanas cresçam interiormente.

Helena, porém, ainda não conseguia tirar do sofrimento que atravessava a lição do perdão, que lhe permitiria alcançar um pouco mais de evolução.

O ciúme devastava a sua alma, abrindo feridas cada vez mais profundas. E o ódio que armazenava no coração não lhe permitia enxergar a necessidade de mudar sua atitude, para poder sentir-se um pouco menos infeliz.

E, com a ausência de Flávio, passou a concentrar na filhinha o ciúme que alimentava com a traição do marido.

– Se ele pensa que o deixarei se aproximar de Sofia quando quiser, está muito enganado! Nem que seja para me mudar daqui, ele nunca mais verá minha filha, que, agora, é só minha!

Mais tarde, enquanto a menina, cansada de tanto brincar, dormia a sono solto, Helena, enlouquecida pelo ódio, começou a retirar dos armários todas as roupas de Flávio; colocou-as numa grande sacola e levou para o fundo do quintal, atrás de um muro baixo que fazia divisa com a pequena horta e algumas árvores frutíferas. E, sem que Marta percebesse, começou a queimá-las, uma a uma, para que Flávio nada encontrasse nos armários, quando voltasse para buscá-las.

– Se quiser, que compre tudo de novo – dizia consigo mesma. – Não fica gastando o nosso dinheiro com a outra, enquanto eu, como boa esposa sempre procurei economizar?

E assim, em cada terno, em cada camisa, em cada gravata que queimava, ia descarregando o seu ódio. Mas não percebia o mal que estava causando a si mesma.

Os dois espíritos que haviam saído da casa de Carminha quando Flávio foi levado para o hospital, atraídos por tanto ódio, aproveitavam-se do desequilíbrio de Helena para alimentar-lhe os desejos de vingança.

– Isso mesmo, queime tudo o que é dele! Pessoas como ele só merecem o seu desprezo – dizia Rubens.

Helena, sem perceber, entrava cada vez mais em sintonia com aqueles espíritos vingativos, tornando-se instrumento deles na execução de seus planos de acabar com a vida de Flávio.

Enceguecida pelo ódio que a dominava, não conseguia captar os conselhos de seu guia espiritual para perdoar e se esforçar por esquecer a atitude de Flávio, que se deixou envolver pela ilusão e pelos apelos da carne; que ele precisava do seu amor para se modificar e que a vingança só iria prejudicá-la ainda mais.

Porém, ao perceberem uma luz e acreditando tratar-se de um espírito evoluído, que pelo baixo padrão vibratório em que se encontravam não podiam enxergar, Otávio e Rubens compreenderam que era hora de fugir.

Nisso, atraída pelo cheiro de queimado, Marta foi ver o que estava acontecendo no quintal e, percebendo o que a patroa fazia, gritou antes que ela queimasse tudo:

– Não faça isso, dona Helena! É pecado queimar roupas tão boas, com tanta gente não tendo o que vestir! Se deseja se desfazer dessas roupas, por que não doa aos pobres?

Cansada e nervosa, Helena assustou-se com os gritos de Marta e se desequilibrou. Só não caiu na fogueira que fez porque foi amparada pela empregada que, atenta, segurou-a e a levou para casa, fazendo com que se deitasse e foi logo providenciando um chá e calmante para ela tomar.

Por efeito do calmante e também pela noite insone que havia passado, Helena finalmente conseguiu adormecer e só despertou na manhã seguinte.

O sono de Helena, porém, foi agitado: via-

-se em lugares estranhos, com pessoas que lhe pareciam conhecidas, mas que não sabia quem eram. Ia passando, uma após outra, por situações diversas e confusas, condizentes com o seu estado de desequilíbrio emocional.

Só pela madrugada conseguiu ter um sono mais sereno e, pela manhã, com a claridade a penetrar pelas frestas da janela, abriu os olhos sem se lembrar, de imediato, o que havia acontecido.

Porém, quando se viu mais consciente, ainda deitada, pôs-se a analisar a situação que estava atravessando e passou a planejar uma forma de vingança.

– Isso não vai ficar assim – falou consigo mesma –, eles vão pagar caro por essa traição!

E, já com alguma ideia na cabeça, levantou-se um pouco mais calma e, após procurar pela filhinha que continuava a dormir tranquilamente em seu quarto, foi tomar um banho para se refrescar.

Já banhada e vestida, dirigiu-se à cozinha e

logo sentiu um cheirinho gostoso do café que Marta havia preparado.

– Bom dia, dona Helena! – Marta foi logo cumprimentando sua patroa. – Como passou a noite? Está melhor hoje?

– Não me lembro direito o que aconteceu comigo. Parece que dormi demais ou será que desmaiei? E Sofia, como ficou?

– Não se preocupe, cuidei bem dela. É uma boa menina, muito obediente. Gosto dela, como se fosse minha filha.

– E o Flávio, não deu nenhuma notícia? É melhor que não dê mesmo, pois não quero mais vê-lo na minha frente. Chega! Por mim, não tenho mais marido. Só sinto pela minha filhinha, pois sei que ela sofrerá com a falta do pai.

Um pouco mais serena, tentando se distrair, ligou o rádio na estação local para ouvir alguma música, mas uma notícia inesperada levou-a a sentir um abalo interior.

O locutor, interrompendo a programação, dava notícias do ocorrido com Flávio, como mais um caso policial dentro da violência que já começava a imperar naquela pequena cidade onde residiam.

Ainda cheia de ódio, Helena exclamou:

- Bem feito! Tomara que ele morra e ela vá parar na cadeia.

- Credo, dona Helena, falar desse jeito é pecado!

A bondosa Marta insistiu no assunto:

- Procure perdoar, dona Helena, e haverá de sentir-se bem melhor.

- Perdoar? Nunca, não perdoo mesmo!!! Esses dois não merecem o meu perdão.

- Perdoar, sim, foi o que Jesus ensinou, lembra? Que devemos perdoar até "setenta vezes sete vezes"? Que não há limite para o perdão, por mais que nos ofendam ou prejudiquem?

- Falar é bonito, mas praticar é outra coisa. Doeu demais para que eu possa perdoar. Não dá mesmo!!! Nem que eu quisesse, não conseguiria.

– Pois eu tenho certeza de que, um dia, conseguirá. O mundo dá muitas voltas...

E, assim, sempre que surgia alguma oportunidade, Marta tentava colocar no coração de sua patroa algo que a fizesse modificar os seus sentimentos em relação a Flávio e Carminha.

Mas o coração de Helena parecia haver se petrificado. Nada de bom nele penetrava. Só se abria para Sofia, por quem passou a sentir um amor doentio, que só não a prejudicou porque Sofia tinha muita proteção espiritual, por ser um espírito elevado que se encarnou aqui na Terra com uma grande missão a cumprir.

> Quando Jesus recomenda que nos reconciliemos o mais cedo possível com o nosso adversário, não quer evitar apenas discórdias na vida presente, mas também evitar que elas se perpetuem nas existências futuras.
>
> **E.S.E. (Cap. X – item 6.)**

4. O encontro

CARMINHA, DESESPERADA, QUERIA ir na ambulância acompanhando Flávio, mas foi levada à delegacia para prestar esclarecimentos. Não parava de chorar e de culpar-se pelo que, involuntariamente, fez com o amante.

Após esperar muito tempo, foi conduzida

à presença do delegado que, após ouvir atentamente suas explicações e lavrar o ocorrido, liberou-a, recomendando que não saísse da cidade, pois, certamente, seria chamada novamente para prestar mais esclarecimentos.

Mal saiu da delegacia, tomou um táxi e foi para o hospital a fim de saber como estava Flávio. Lá chegando, procurou quem lhe desse alguma informação sobre o estado dele, mas pouca notícia conseguiu obter. Apenas que, naquele momento, ele estava sendo preparado para ser operado.

O resto da noite passou sentada na sala de espera, sem conseguir adormecer por um instante sequer, e ainda sem nenhuma notícia de Flávio. Pela manhã, uma enfermeira aproximou-se dela e convidou-a para ir tomar um café na lanchonete do hospital.

Ao retornar, passando pelo saguão, ficou surpresa ao ficar frente a frente com Helena que, ao saber da notícia, pensando na filhinha Sofia, também foi se informar da situação do ex-marido.

- Você, sua vagabunda, o que está fazendo aqui? Não basta ter roubado o meu marido, ainda quis matá-lo? - disse Helena, extremamente irritada com a presença da outra.

Carminha, porém, como ainda não sabia da separação de Flávio, não estava entendendo nada.

- Por que está falando assim comigo? - perguntou Carminha. - Sempre fomos tão amigas!

- Não se faça de sonsa, você sabe muito bem que descobri a traição de vocês.

Carminha empalideceu diante da revelação de Helena, mas logo se recompôs, quando uma enfermeira veio trazer notícias de Flávio.

- Como está ele? - ambas perguntaram em uníssono.

Mas, pela fisionomia da enfermeira, logo perceberam que a situação não era boa.

- O senhor Flávio está sendo operado neste momento. A bala atingiu o baço e as consequências ainda são imprevisíveis, mas fiquem tranquilas, pois o cirurgião é muito competente.

Após várias horas de espera e sem se falarem mais, o próprio cirurgião veio falar do resultado da cirurgia, perguntando:

– Quem é a esposa de Flávio?

Ambas responderam: – Eu!

Espantado, o doutor Paulo olhava para uma e outra, até que Helena explicou:

– Sou a mulher dele e ela, a amante e, por causa dela, nós nos separamos ontem.

O médico disse:

– Com a cirurgia ocorreu tudo bem, mas ele perdeu muito sangue e sua situação é delicada. Terá que ficar na UTI, até que possa melhorar e... sem receber visitas, entenderam?

– Mas ele pode morrer? – indagou Carminha. – Se isso acontecer, não me perdoarei nunca.

– Assassina, é o que você é, e lugar de assassina é na cadeia – retrucou Helena, cheia de ódio.

– Por que as senhoras não se acalmam? – disse o médico. – Ficarem se agredindo em nada colabora para que ele viva. Que tal irem rezar na capelinha que temos aqui no hospital? – e, dizendo que tinha outras obrigações, pediu licença e se retirou.

As duas, virando as costas uma para a outra, se afastaram. Carminha foi para a capela, mas Helena preferiu voltar para junto da filha que ficara em casa na companhia de Marta, sem saber de nada.

Na UTI, Flávio continuava sob o efeito da anestesia e assim ficou por tempo além do normal, o que causou preocupações aos enfermeiros, que comunicaram o fato aos médicos de plantão.

Estes, logo foram verificar o que estava acontecendo e perceberam que Flávio estava piorando, com o coração batendo fraco e descompassado, e que teriam de agir com presteza.

– Ele viverá? Só Deus o sabe! – foi o comentário entre os enfermeiros do hospital.

Na capela, Carminha orava pedindo perdão a Deus, não apenas por ter atirado em Flávio, a quem amava verdadeiramente, mas também por ter destruído a família dele, tornando-se sua amante. Em lágrimas, mentalmente fazia uma sentida prece:

> – *Perdoai-me Deus Pai, por ter desrespeitado as Vossas Leis, entregando-me a esse homem, marido da minha melhor amiga. Por piedade, eu vos rogo, salvai esse vosso filho Flávio que, por minha culpa, agora está entre a vida e a morte. Apesar de amá-lo verdadeiramente, prometo-vos, Senhor, se ele ficar bom, me afastar para que volte à esposa e à filhinha, que ainda precisam muito dele.*

E assim, de joelhos, como que numa penitência, Carminha passou a tarde toda em orações, só saindo dali ao anoitecer, quando mais pessoas adentraram na capela para orar em favor de seus entes queridos que, igualmente, se encontravam hospitalizados.

Enquanto isso, na espiritualidade, atraídos pelas orações sinceras de Carminha, bons espíritos que trabalhavam naquele hospital transmitiram a ela vibrações positivas a fim de lhe darem sustentação.

Ao passar pelo corredor do hospital, meio atordoada e com o corpo dolorido, procurou saber notícias de Flávio e lhe informaram que estava um pouco melhor, mas que ainda inspirava cuidados.

Acreditando que talvez ele estivesse fora de perigo, bastante cansada, finalmente, Carminha conseguiu adormecer num pequeno quarto que lhe ofereceram para poder descansar.

Pela madrugada, como a embalar o seu sono, os passarinhos cantavam alegremente, saltitando pelos galhos de uma grande árvore florida, que ornamentava a entrada do hospital, bem próxima à janela do quarto onde ela se encontrava.

Ainda profundamente adormecida, Carminha foi conduzida por seu guia, a uma colônia espiritual, onde lhe mostraram algumas cenas do seu passado, para que pudesse entender o que estava ocorrendo.

Enquanto isso, Flávio lutava entre a vida e a morte.

No hospital, os médicos se esforçavam por salvá-lo, mas a situação era crítica.

No plano espiritual os dois comparsas se regozijavam com o acontecido:

– Está vendo? – disse Rubens –, nem precisamos sujar as nossas mãos de sangue, o diabo se encarregou disso.

– É verdade, respondeu Otávio –, ele agiu em nosso favor. Só espero que não venha nos cobrar depois.

– Vira essa boca pra lá... Deus me livre! Não quero ir parar no inferno, não!!! O que fazemos é por direito nosso.

– Estamos fazendo justiça. Ele não nos roubou? Quem merece o inferno é ele.

Assim, por ignorância, como muita gente, seja ou não pela religião adquirida desde a infância, ambos tinham conceitos errados sobre o céu e o inferno, que não são regiões específicas do plano espiritual e, sim, um estado de alma, em que cada um se vê e se sente, conforme o que a mente esteja a plasmar, como resultado dos próprios atos, pensamentos e sentimentos cultivados.

É o que a doutrina espírita hoje ensina, para que nos esforcemos por buscar a nossa reforma íntima e um aprendizado constante que vem nos mostrar as realidades da vida e a importância do perdão, diante de qualquer mal que nos façam.

> Sede indulgentes para as faltas alheias, quaisquer que sejam; não julgueis com severidade senão as vossas próprias ações, e o Senhor usará de indulgência para convosco, como usastes para com os outros.
>
> **E.S.E. (Cap. X – item 17.)**

5. O sonho de Sofia

CHEGANDO EM CASA, preocupada com Sofia, Helena foi logo procurá-la e a encontrou no quarto, entretida com os seus brinquedos. Vendo-a, a menina correu para abraçá-la e foi logo perguntando:

– Onde você foi, mamãe? Demorou tanto...

Foi procurar o papai? Ele não vai voltar? Eu gosto muito dele também.

Desconversando, Helena disse que foi visitar uma pessoa conhecida que estava muito doente. Sem nada desconfiar, Sofia começou a mostrar à mãe os seus brinquedos favoritos.

Não demorou e a empregada Marta, sem que a menina percebesse, veio lhe perguntar a respeito de Flávio, e Helena lhe revelou que o estado dele não era nada bom.

–Vou rezar um terço para Nossa Senhora, pedindo para que o doutor Flávio melhore. A senhora não quer rezar comigo? Quando as pessoas rezam juntas o pedido ganha mais força.

– Reze você sozinha, porque, se não fosse pela minha filha, eu seria até capaz de rezar para ele morrer mais depressa – retrucou Helena, cheia de ódio.

– O que é isso, dona Helena, não diga uma coisa dessas! Deus castiga – falou a empregada, na sua simplicidade e ignorância de como age a justiça divina. – Somos nós mesmos que nos punimos, em consonância com a lei de causa e efeito.

Assim, esse dia passou, sem que Helena tivesse mais alguma notícia de Flávio.

Na manhã seguinte, ela ainda dormia, mesmo com o sol já brilhando entre as nuvens. Sofia entrou no quarto da mãe e, suavemente tocou-lhe o braço, chamando-a:

– Mamãe, você não vai acordar hoje? Eu quero contar pra você o meu sonho. Foi um sonho bonito.

Helena abraçando-a carinhosamente, puxou-a para a sua cama.

– Então, deite aqui e me conte o que sonhou.

– Sonhei que estava num lugar maravilhoso, acho até que era o céu! Tinha um jardim cheio de flores, cada uma mais bonita que a outra. Quando comecei a colher algumas pra você, ouvi vozes de crianças como eu, e parecia que alguém queria dizer alguma coisa pra mim. Nisso – continuou Sofia –, chegou perto de mim uma moça linda, que até parecia um anjo, e começou a conversar comigo. Falou bastante coisa, mas não lembro direito... Só sei que ela me disse que está chegando a hora de eu ajudar você a crescer. Mas não entendi... Como ajudar a crescer, se você já é grande?

– Que bobagem, filhinha, isso só foi um sonho, não pense mais nisso. É claro que eu já cresci; na minha idade ninguém cresce mais.

Helena, porém, não entendia que o crescimento de que Sofia falava não era físico, e sim espiritual.

– Agora, levante-se e vá brincar. Parece que está fazendo um sol gostoso lá no quintal – completou Helena.

Obediente, Sofia saiu correndo e foi para o quintal, enquanto Helena ficou a pensar no sonho estranho de sua filha. Teria algum significado? Não... deve ter sido somente um sonho sem nenhuma importância e logo o seu pensamento se voltou para Flávio e sentiu o ódio a lhe aflorar no coração. A seguir, levantou-se e, após se banhar e vestir, foi à cozinha à procura de Marta e a encontrou preparando o almoço com o capricho de sempre, e com o rádio ligado ouvindo uma canção da moda. Foi logo perguntando:

- Como é, Marta, não deram mais nenhuma notícia do Flávio?

- Deram sim, dona Helena, disseram que passou muito mal, e que foi necessário uma transfusão de emergência para salvá-lo e que, agora, o quadro é estável. Vou continuar rezando para que ele consiga sair dessa - respondeu a bondosa Marta.

- Com certeza vai sair, sim, porque vaso ruim não quebra, não é assim que se diz?

- É sim - respondeu Marta, não querendo continuar o assunto para que Helena não se aborrecesse mais do que já estava.

Nisso, ouviu-se o canto de um bem-te-vi que havia pousado num galho da laranjeira do quintal.

Ao ouvir o passarinho cantar, Sofia largou seus brinquedos e foi correndo avisar:

– Tem um passarinho cantando assim: – bem-te-vi! bem-te-vi! bem-te-vi! Será que ele sabe falar? O que será que ele viu?

Marta e Helena riram das inocentes palavras de Sofia.

E, assim, entre uma atividade e outra, passaram o restante do dia, sem mais falarem a respeito de Flávio.

Apenas Helena, que já começava a pensar em alguma forma de vingança pela traição recebida daquelas pessoas que amava, com isso, ia atraindo para si espíritos na mesma faixa vibratória, e que só a prejudicavam, deixando-a ainda mais nervosa e revoltada.

Se, ao contrário, tivesse bons pensamentos ou orasse, buscando auxílio do Alto, certamente sentir-se-ia melhor e em paz.

> A vingança é um índice seguro do atraso dos homens que a ela se entregam, e dos espíritos que ainda podem inspirá-la. Portanto, esse sentimento jamais deve fazer inspi-

rar o coração de quem quer que se diga e se afirme espírita.

E.S.E. (Cap. XII - item 9.)

6. De volta ao passado

AUXILIADA POR SEU mentor, enquanto dormia, Carminha começava a tomar conhecimento do seu passado, em que ela e Helena eram irmãs: Gilda (Helena), a mais velha e Celina (Carminha) cerca de dois anos mais nova.

Enquanto crianças, eram companheiras inseparáveis em todas as brincadeiras. Na adolescência, porém, Gilda começou a sentir inveja de Celina, que era mais bonita que ela. Loira, de olhos azuis como os de sua mãe, e com o corpo já se tornando esbelto, atraía olhares dos meninos sobre si. Já, Gilda, apresentava um aspecto mais grosseiro, herdado de sua avó paterna e em nada se assemelhava à graciosidade de Celina que, a cada dia, encantava mais com a sua beleza natural.

Certo dia, porém, quando saíam da igreja após a missa de domingo, sempre acompanhadas pelos pais, Renato, um jovem de seus dezoito anos, cruzando com as jovenzinhas que tinham, respectivamente, dezesseis e quase catorze anos, não tirava os olhos de Celina, que exibia sua graciosidade no andar suave, como que a bailar, com o seu vestido rodado e esvoaçante, conforme se usava naqueles recuados anos.

Gilda, porém, com uma pontinha de inveja, puxava a irmã para sair dali, pois percebia não só os olhares do rapazola para Celina, mas que ela retribuía com um leve sorriso.

E o tempo foi passando, outros encontros casuais aconteceram e, cada vez, Renato sentia-se mais deslumbrado com a beleza de Celina, que lhe parecia ser como um botão de rosa, ao abrir de suas pétalas.

Sentindo seu ciúme aumentar, Gilda começou a fazer intrigas sobre a irmã junto aos pais que, preocupados, resolveram castigá-la, proibindo-a de acompanhá-los à missa, aos domingos, como de costume, e avisando que pediriam ao padre para ir a sua casa, de vez em quando, para ela confessar os seus pecados.

Triste, por não mais poder ver Renato que já passara a amar, Celina, só em seu quarto, pegou o seu diário que mantinha escondido e passou a escrever, diariamente, cartas repletas de romantismo ao jovem, de quem nem o nome sabia, mas eram um desabafo de um coraçãozinho apaixonado, cartas essas, que jamais seriam entregues.

Gilda começou a perceber que Celina permanecia muito tempo trancada em seu quarto e, curiosa, mentalmente dizia:

– Ainda vou descobrir o que ela anda fazendo!

Certa ocasião, dona Aurora, a mãe das jovens, ficou sabendo pela vizinha, dona Carlota, da chegada de uma sobrinha dela, da idade de Celina, que passaria algum tempo em sua companhia. Esta lhe pediu que permitisse à filha, todos os dias, passar algumas horas em sua casa, fazendo companhia à sua sobrinha Júlia, que estava com a saúde muito debilitada e que, por recomendação médica, foi para a sua casa em busca de um clima mais ameno.

Assim, surgiu para Gilda a oportunidade que esperava de descobrir o que Celina fazia, ao ficar trancada em seu quarto por muito tempo.

Numa dessas saídas da irmã, Gilda aproveitou que sua mãe se encontrava muito ocupada na cozinha e foi remexer nas coisas de Celina, e acabou encontrando no fundo de uma gaveta do armário, embrulhado numa blusa, o seu diário, que logo passou a folhear. Quando leu as cartas de Celina, o ciúme tomou conta do seu coração egoísta e jurou vingança.

A partir desse dia, tratou de arrumar um jeito de ver mais vezes o jovem Renato, por quem passou a se interessar mais. Até que um dia, encontrando-o, começou a se insinuar para que ele a notasse.

E assim foi, até que Renato se aproximou dela para perguntar da irmã:

- Não tenho mais visto a sua irmã, por acaso ela viajou?

- Ela está muito doente, com uma grave enfermidade - mentiu. - Acho que ela vai morrer.

Não contente, Gilda contou à mãe sobre o diário que havia descoberto, prejudicando, com isso, ainda mais a vida de Celina que, muito triste, procurava desabafar com Júlia, a sobrinha da vizinha, de quem já havia se tornado uma grande amiga.

***

Embora triste por haver acreditado na doença de Celina e, por ser ainda muito jovem, Renato logo deixou de pensar nela, buscando outros interesses que fizeram com que logo a esquecesse.

Gilda não perdeu tempo e tratou de se aproximar dele, cada vez que encontrava alguma oportunidade, até conseguir que ele se interessasse por ela.

Renato dizia para consigo mesmo:

– Sei que Gilda não é tão bonita quanto Celina, mas não é de se jogar fora, além de que já tem idade não só para namorar, mas também para se casar. Seu pai é rico e, pensando bem, acho que até seria bom se eu me casasse com ela.

Assim, começou a fazer-lhe a corte.

O pai das meninas, doutor Gervásio, permitiu o namoro e, quando descobriu que Renato era filho de um industrial conceituado, embora não fossem muito chegados, ficou satisfeito com o pedido do rapaz para namorar sua filha, desde que fosse com boas intenções, já que naquela época a mulher que não se casasse era malvista.

Celina, quando se via a sós em seu quarto, chorava muito. Seu consolo encontrava na sólida amizade que havia construído com a amiga Júlia, com quem desabafava todas as suas mágoas. E, de Júlia, sempre recebia palavras de conforto e de esperança.

Um dia, porém, Júlia amanheceu mais debilitada que de costume e mal conseguia sair da cama. Sua tia, muito preocupada com o que pudesse acontecer, procurou o doutor Gervásio, que era médico, para ir até sua casa e dar uma olhada em Júlia, ao que ele se prontificou a ir, assim que lhe fosse possível.

No final da tarde, após ter atendido alguns

pacientes, foi examinar a garota que, já naquelas horas, não mais conseguia se levantar.

Examinando-a, o médico constatou que ela estava com pneumonia, com febre altíssima e que precisava ser transferida para a Santa Casa.

Tudo foi providenciado com rapidez, e logo Júlia já se encontrava hospitalizada, sob cuidados de enfermeiras abnegadas e do doutor Gervásio.

Celina, ao saber do estado de sua amiga, ficou desolada; chorou bastante, mas se pôs a orar com fervor, pedindo a Deus que a curasse.

No dia seguinte, pela manhã, acompanhada por sua mãe, Celina foi visitá-la no hospital, mas não puderam entrar, porque, como ela havia piorado muito, foi transferida para outro setor, de doentes mais graves, em que as visitas não eram permitidas.

Mas, como naquela época, a penicilina não existia, muito pouco se podia fazer, pois a pneumonia era uma doença que matava com frequência.

Assim, após dois dias de muitas lutas pela sobrevivência de Júlia, ela acabou desencarnando. Os pais da garota que já haviam sido avisados da piora da filha, viajaram o mais rápido possível, chegando a tempo para o enterro, no dia seguinte.

Com a morte da amiguinha, Celina se isolou ainda mais dos próprios familiares, principalmente depois que soube do namoro e próximo noivado da irmã com Renato, o rapaz que ainda amava.

Passava grande parte do dia trancada no quarto, lendo ou fazendo algum bordado, que realizava com muito capricho e, por mais que a mãe insistisse com ela para se distrair, não adiantava, pois havia perdido o gosto pela vida. Viver para ela tornou-se um sacrifício. Nem mesmo as orações do terço que tinha por hábito fazer, consolavam o seu coraçãozinho desiludido.

Preocupada com a filha, que emagrecia a olhos vistos, seu pai, como médico, lhe receitou alguns fortificantes, mas o que ela realmente precisava era de compreensão e carinho, para que pudesse aceitar a amarga decepção.

> A dor é uma bênção que Deus envia aos seus eleitos. Não vos aflijais, portanto, quando sofrerdes, mas, pelo contrário, bendizei a Deus todo-poderoso, que vos marcou com a dor neste mundo, para a glória no céu.
>
> **E.S.E. (Cap. IX – item 7.)**

7. O casamento

TRÊS MESES SE passaram. Após a azáfama dos preparativos com o enxoval, finalmente chegou o dia do casamento de Gilda com Renato.

A cerimônia religiosa seria realizada na própria casa dos pais da noiva, onde um belíssimo altar fora montado, com arranjos de lírios brancos e uma linda toalha de renda francesa, cálices de ouro, enfim, todo o necessário para o sacerdote abençoar a união que prometia ser muito feliz.

Gilda sentia-se vitoriosa por haver conquistado para si aquele rapaz tão bonito que tomara de Celina:

– Finalmente eu consegui! – dizia Gilda consigo mesma. – Nossos pais se orgulhavam da beleza de Celina, mas agora vão se orgulhar de mim, que fiz um bom casamento. Não me importo se não conseguir amá-lo, como todos acreditam que amo, mas estou satisfeita com a minha desforra!

A cerimônia aconteceu no final da tarde, com muitos e importantes convidados, e após os cumprimentos, foi servido um lauto jantar, regado com os melhores vinhos e, como sobremesa, um enorme bolo decorado com um casal de noivinhos em cima, além de finos docinhos da época.

Após as despedidas do casal, que partia em

viagem de núpcias para a Argentina, os comentários sobre o luxo da festa de casamento não cessavam.

Na viagem de navio, com o mar um tanto agitado, Gilda enjoou muito e isso a deixou irritada e sem ânimo de cumprir com os seus deveres de esposa, em plena lua de mel. Mesmo chegando à Argentina, os passeios a cansavam e, assim, sempre procurava se esquivar, quando Renato, muito carinhoso, dela se aproximava.

– Assim não é possível! – dizia Renato.

Depois de um mês de viagem, resolveram retornar à cidade onde moravam. Renato, desapontado, pouco conversava, e Gilda ia contando vantagens para magoar Celina.

Mas como a vida tinha de prosseguir, Renato precisava trabalhar e, como estavam morando na casa dos pais dele, Gilda passava o dia com a sogra, sem ter nada para fazer e, assim, foi procurando distrações com as visitas que recebia das amigas que, interessadas em sua vida de casada, lhe indagavam:

– Como é, Gilda, como está vivendo com Renato? Está feliz? E quando arrumarão um bebê?

E Gilda, para não dar o braço a torcer, sempre respondia afirmativamente sobre a sua felicidade, dizendo:

– Mas é claro que estou feliz! Renato é maravilhoso, faz tudo o que quero. Presenteia-me constantemente com joias e vestidos novos; não tenho do que me queixar. Quanto a filhos, acho que ainda é cedo, preciso aproveitar minha vida um pouco mais.

Elas, com risinhos de malícia e curiosidade, queriam saber algo mais sobre as intimidades do casal. Gilda, porém, se esquivava das perguntas indiscretas ou, então, mentia para deixá-las com inveja.

E, assim, o ano foi transcorrendo, e Renato, cada vez mais decepcionado com o casamento, começou a entregar-se à bebida e a frequentar bordéis, e acabou contraindo grave enfermidade que foi minando suas forças, até chegar, prematuramente, à desencarnação.

Viúva e sem filhos, não mais podendo continuar a viver com os sogros, que a culpavam pela morte do filho, nem com seus pais que, desgostosos sabendo das artimanhas da filha, não quiseram recebê-la, Gilda foi morar num pensionato e, afastando-se de qualquer convívio social, tornou-se uma pessoa amarga e revoltada com a própria vida. Viveu ainda alguns anos, até contrair pneumonia durante um inverno rigoroso, o que a levou à morte.

Celina, muito triste pelo casamento da irmã com Renato, a quem muito amou, com o consentimento dos pais, foi para um convento, onde permaneceu até envelhecer. Desencarnou já bem idosa, vítima de uma queda que a prendeu ao leito.

Recolhida do umbral, onde permaneceu por muito tempo, Gilda foi levada para uma colônia espiritual, onde veio a se encontrar novamente com Celina, que lá já se encontrava desde o seu retorno à pátria espiritual.

Entretanto, após algum tempo, o ressentimento entre elas ainda continuava muito forte, apesar de todos os ensinamentos ali recebidos. Espíritos elevados, então, começaram a planejar o retorno de ambas para uma nova encarnação, em que deveriam novamente se aproximar, mas, não mais como irmãs, porém, passariam por uma prova, em que deveriam testemunhar o perdão.

Ao tomarem ciência disso, Celina aceitou com humildade:

– Que seja feita a vontade de Deus – disse ela.

Gilda, porém, não gostou nada ao saber que teria de conviver novamente com a irmã. Mesmo assim, acabou aceitando, embora, por respeito ao seu livre-arbítrio, nada seria feito sem o seu consentimento.

E foi assim que, respectivamente, renasceram como Carminha e Helena, em outra encarnação.

Tudo, agora, dependeria do esforço de cada uma na busca de crescimento interior. A vida estava lhes dando uma nova oportunidade, mas caberia a elas saber aproveitar.

> Deus permite essas encarnações de espíritos antipáticos ou estranhos nas famílias, com a dupla finalidade de servirem de provas para uns e de meio de progresso para outros.
>
> **E.S.E. (Cap. IV – item 19.)**

8. Retornando ao presente

GUARDANDO REMINISCÊNCIAS DO que acreditava ter sido um sonho, ao despertar, Carminha pôs-se a meditar e chegou à compreensão de que os desígnios de Deus devem ser aceitos com fé e resignação, pois, naturalmente, são para o nosso bem.

Assim, com o coração mais sereno, logo desejou saber notícias de Flávio. Foi procurar as enfermeiras, que lhe informaram que ele estava relativamente bem e já fora de perigo.

Novamente, Carminha procurou a capela, mas desta vez, para agradecer. E, com um sentimento de profunda gratidão, pôs-se a orar:

> *– Deus, vós que conheceis o íntimo de cada um de nós, Vossos filhos, certamente sabeis o quanto a dor do arrependimento me vergasta a alma! Mas, é com o coração transbordante de alegria e de fé, que venho agradecer pela Vossa Misericórdia em amparar o Flávio a quem, embora transgredindo as Vossas Leis, tenho dedicado tanto amor! Reitero, agora, a promessa que Vos fiz, de me afastar dele. Nunca mais o procurarei; vou me afastar definitivamente, sem que o Flávio sequer suspeite para onde irei. Dai-me forças, Senhor, para que eu não recue desse objetivo e possa cumprir fielmente, o que Vos prometi. Amém.*

Mais alguns dias, Carminha ainda permaneceu na cidade, constatando a melhora de Flávio, antes de partir. Nesse compasso de espera, foi providenciando a mudança para um lugar bem distante, onde Flávio não pudesse encontrá-la. Já definitivamente liberada pela justiça terrena, pediu demissão do emprego no colégio, vendeu a casa, móveis e alguns objetos, ficando apenas com o carro.

No dia em que Flávio teria alta do hospital, Carminha viajou logo ao surgir dos primeiros raios de sol. Uma temperatura amena tornaria a sua viagem mais agradável, apesar de cansativa, pela distância a percorrer.

Durante a viagem, intuída por seu guia espiritual que a acompanhava, Carminha ligou o rádio em uma estação que, naquela hora da manhã tocava músicas suaves que iam envolvendo o seu coração de paz.

Embora com o coração sangrando de dor, por ter abandonado aquele a quem dedicava tanto amor, Carminha sabia que tinha agido certo.

Durante a longa viagem, parou algumas vezes para descansar e se alimentar.

Numa dessas paradas, num restaurante de beira de estrada, Carminha, concentrada em seus problemas, não percebeu que um homem, ainda relativamente jovem e muito simpático, ficou a olhá-la com sentimento de ternura, como se a conhecesse de algum lugar.

Retirando-se dali, em direção ao carro para abastecer, antes de prosseguir a viagem, notou que estava com um dos pneus um tanto murcho. Fez sinal a um dos funcionários do posto, que logo descobriu que o pneu estava furado e que precisava ser feito o conserto, mas isso atrasaria um pouco a sua viagem.

Enquanto esperava pelo conserto, sentou-se num banco que havia nas proximidades, comprou um livro numa banca que ficava ao lado de onde estava, e passou a ler. Era um romance espírita. À medida que lia, foi se interessando pela história. Apesar de nada saber sobre espiritismo, achou que talvez fosse interessante conhecer alguma coisa sobre essa doutrina, que algumas pessoas diziam ser consoladora.

– Bem que estou precisando de consolo! – disse ela à meia voz, sem perceber que alguém havia escutado suas palavras.

– Que aconteceu consigo, para precisar de consolo? Será que eu não sirvo para consolá-la? Uma moça tão linda assim, não deveria ter problemas!

Envergonhada, por ser pega falando sozinha, desculpou-se, mas não quis se abrir com um estranho para falar dos seus problemas.

João Paulo – este era o seu nome – observou o livro que Carminha tinha nas mãos e aproveitou para continuar a conversar:

– Eu conheço esse livro, é muito bom. É um romance espírita, dos melhores que já li. Você gosta de romances espíritas?

– Nunca li, este é o primeiro, aliás, não conheço nada sobre o espiritismo, sempre fui muito católica.

– Eu sou espírita praticante e gostaria de conhecê-la melhor. Quem sabe eu poderia ajudá-la! Posso oferecer-lhe um livro?

Antes que ela recusasse, ele se dirigiu ao próprio carro e dele retirou um exemplar de *O Evangelho segundo o Espiritismo* e, gentilmente, o doou a Carminha.

– Desculpe, mas não me apresentei, eu sou João Paulo, e a senhorita, como se chama?

– Meu nome é Carmem, mas todos me chamam de Carminha.

– Carminha, é um apelido carinhoso, que combina muito com seu jeitinho. Para onde está indo, posso saber?

– Vou indo de mudança para Campinas, no Estado de São Paulo.

– Que coincidência, também moro lá!

E a conversa entre os dois prosseguiu animada, até que o pneu do carro de Carminha ficou pronto e ela pôde continuar a sua viagem, agora seguindo de perto o carro de João Paulo, que conhecia melhor o trajeto.

Assim, nasceu entre eles uma grande amizade.

Ao final da viagem, João Paulo acompanhou-a até a entrada do prédio onde ela alugara um apartamento que, por sinal, era no mesmo bairro onde ele morava. Oferecendo-se para ajudá-la no que precisasse, trocaram números de telefone, e ele logo se despediu, prometendo encontrá-la novamente, em breve.

Após dois dias, descansando ou tomando algumas providências urgentes para organizar o apartamento novo, Carminha lembrou que para adquirir alguns móveis e objetos necessários precisaria recorrer ao novo amigo, e foi ela quem tomou a iniciativa de lhe telefonar:

–Alô, é da residência do senhor João Paulo?

– Sim – respondeu uma voz feminina. – Quem deseja falar com ele?

Sem saber o que dizer, Carminha começou a gaguejar, suspeitando que ele fosse casado:

– É... é..., é a Carminha... Posso falar com ele? – perguntou receosa.

– Ele não está no momento – respondeu –, deixe o seu telefone e mais tarde ele retornará.

Por poucas horas, mas que lhe pareceram intermináveis, Carminha, desassossegada, precisou esperar até que o telefone tocasse. Finalmente, ouviu a voz de João Paulo:

– Aqui é o João Paulo. O que aconteceu? Fiquei preocupado...

– Desculpe ter ligado para a sua casa, eu não sabia que era casado.

– Não tem importância alguma, pode ligar quando quiser. Não sou casado, sou viúvo; minha esposa desencarnou há três anos e me sinto muito só. A pessoa que atendeu é minha irmã, que está passando alguns dias em minha casa, me fazendo companhia. Não liguei antes porque estava no centro espírita, realizando o meu trabalho de assistência espiritual a algumas pessoas necessitadas de auxílio.

– Que coisa bonita, João Paulo, eu gostaria de ir a esse centro! Já li algumas páginas do livro que me deu e fiquei encantada!

Quantas elucidações encontrei para as minhas dúvidas!

– Ótimo! Qualquer dia, eu a levarei para ouvir uma palestra. Tenho certeza de que gostará.

– Acho que vou gostar muito. Mas liguei para você porque estou precisando fazer umas compras e, se possível, gostaria que me acompanhasse, pois ainda não sei me virar nesta cidade.

– Hoje não garanto, porque tenho alguns pacientes para atender no meu consultório. Sou médico, não lhe disse?

– Não, não me disse. Que bela profissão você tem!

– Então, estou dizendo agora.

– Posso esperar, e quando puder me acompanhar, ficarei muito agradecida.

– Não precisa agradecer, tudo farei com o maior prazer. Só a oportunidade de poder estar em sua companhia já será uma alegria para mim. Dá para ser amanhã à tarde?

– Claro que sim! Não tenho tanta pressa.

A vida estava lhe proporcionando uma nova oportunidade de ser feliz. Entre encontros e alguns desencontros, foi despontando entre eles um amor terno e suave, bem diferente daquele amor, fruto de uma traição, e que a levava a sentir-se culpada.

> Feliz aquele que ama, porque não conhece as angústias da alma, nem as do corpo! Seus pés são leves, e ele vive como transportado fora de si mesmo.
>
> **E.S.E. (Cap. XI – item 8.)**

9. Helena

SEM MAIS SE PREOCUPAR em saber notícias de Flávio, Helena colocou sua casa à venda, porque também decidiu se mudar para bem longe dali. Como era uma bela casa, embora antiga, logo apareceu comprador. E, com o auxílio de pessoas amigas, outras providências foram tomadas para a mudança. Marta, como era uma pessoa de confiança e sem família, prometeu acompanhá-la para onde fosse.

Para Sofia, na sua inocência de criança, tudo era festa. Divertia-se alegremente com todo aquele movimento que presenciava com os preparativos da mudança.

Finalmente, o dia da partida chegou.

Fim de tarde... Após um dia cansativo, Helena sentou-se numa velha poltrona que ainda ficara na sala, pois os poucos móveis que não foram vendidos já estavam no caminhão para serem transportados logo pela manhã. Marta, a empregada, já havia viajado na véspera, a fim de receber a mudança e Sofia dormia a sono solto num pequeno colchão estendido no chão do seu quarto. Estando só, Helena pôs-se a pensar:

– Agora, vida nova para mim; o presente será passado que quero esquecer... Só não esquecerei o ódio que sinto. Deus é justo e, mais cedo ou mais tarde, eles haverão de pagar por tudo que me fizeram passar. – E, ali mesmo, apenas recostada, acabou adormecendo, só acordando ao surgirem os primeiros raios de sol.

Nisso, o motorista do caminhão veio avisar que já estava pronto para partir com a mudança. Helena, porém, teria de esperar ainda algumas horas para poder viajar, porque a passagem que havia comprado era para o ônibus das nove horas.

Enquanto isso, tomou algumas providências urgentes, antes de ir para a rodoviária, até que chegou a hora do embarque.

Para Sofia, tudo era novidade e motivo para se divertir. Pelos caminhos até a rodoviária ia observando e comentando tudo que lhe chamasse a atenção e, já dentro do ônibus, correu para sentar-se junto à janela. Porém, mal o ônibus partiu, pôs-se a dormir, só acordando quando já estava quase chegando.

Após várias horas de viagem, finalmente, puderam adentrar na nova residência da bela Florianópolis, em Santa Catarina. Sofia, entusiasmada, correu para abraçar Marta, que já as esperava no portão.

– Fizeram boa viagem? – perguntou Marta.

– Ótima! – respondeu Helena. – Apesar de um pouco cansativa.

Para Sofia, porém, não faltava entusiasmo e alegria. Começou a percorrer cômodo por cômodo da casa. Chegando ao quintal, ficou entusiasmada ao ver o balanço que Marta havia pendurado num galho da mangueira e logo se pôs a balançar, chamando a mãe para ver.

– Mamãe, vem "vê eu" balançar!

Helena, porém, estava muito atarefada com as malas e acomodação das coisas, para atender a filha.

Nisso, gritos da menina fizeram com que Marta e Helena corressem para o quintal, a fim de verificar o que acontecia.

Sofia havia caído do balanço, e fraturado um dos bracinhos.

Aflitas, procuraram se informar na vizinhança onde havia um hospital para levar a menina, que chorava de dor.

Um vizinho, muito gentil, se ofereceu para levá-las no seu carro.

O início da nova vida de Helena não foi como ela desejava.

- Justamente hoje, com tanta coisa a fazer, tinha de acontecer isso? Deus não está sendo justo comigo.

Nervosa, pôs-se a lastimar da vida e culpar Flávio por tudo o que estava passando.

- Acalme-se dona Helena, criança é assim mesmo, não para quieta, vive caindo e se machucando. Isso é sinal de saúde e esperteza.

No hospital, passando pela ortopedia, constatou-se que a fratura não era grave, mas seu bracinho precisava ser engessado.

Retornando a sua casa ao entardecer, Helena acomodou a menina na cama, recomendando que procurasse dormir, pois, assim, ela e Marta também poderiam descansar para, pela manhã, poderem cuidar da arrumação do novo lar.

E assim foi o primeiro dia das três na nova residência.

Manhã de domingo. O sol já brilhava forte num céu muito azul, quando Helena acordou. Levantando-se, procurou por Marta que já havia preparado o café e iniciado as arrumações dos armários.

- Marta, por que não me acordou?

- Para a senhora poder descansar mais um pouco da viagem, porque hoje o dia vai ser duro!

- E Sofia, ainda dorme? Como ela passou a noite?

- Dormiu feito um anjo. Ao deitar, choramingou um pouco, mas logo adormeceu. Pretendia acordá-la agora.

- Pode deixar que eu mesma irei chamá-la.

Enquanto isso, Marta deu continuidade às arrumações, procurando deixar tudo de acordo com o gosto de sua patroa, que já conhecia bem, pelos tantos anos de convivência com ela.

Helena acordou Sofia com um beijo na testa e esta, muito alegre, mostrou o seu bracinho engessado, dizendo:

– Olha, mamãe, não está doendo mais. É que eu vi um homem muito bonito entrar no meu quarto e pôr a mão no meu machucado, dizendo que ia sarar e eu acho que sarou mesmo!

Duvidando da veracidade da visão da menina, Helena não deu a menor importância, achando que era apenas uma fantasia de criança.

Comentando o fato com Marta, esta, por ser muito religiosa, achou que poderia ser mesmo um milagre.

– Ora, Marta, que bobagem! Se fosse milagre, porque deixaram que a menina caísse? Eu sim, é que merecia que algum milagre acontecesse na minha vida, não acha?

Para não contestar, Marta calou-se.

No fim da tarde, quando a casa já estava mais em ordem, tocaram a campainha. Era o vizinho que as tinha levado ao hospital na véspera.

– Vim saber como está passando a menina Sofia.

E foi assim que nasceu entre eles uma grande amizade. Haveria de se transformar em algo mais profundo? Só o tempo diria...

Olavo, o novo amigo de Helena, era viúvo, sem filhos, pois havia perdido a esposa num parto difícil. A criança seria uma menina, que mal chegou a viver, durando apenas algumas horas. Rute, sua esposa, era hipertensa e, em consequência disso, não resistiu a uma forte hemorragia.

Muito revoltado pelo infausto acontecimento, Olavo quase cometeu suicídio. As perdas que sofreu foram demais para ele. Estava prestes a tirar a própria vida, com um tiro na cabeça, quando André, um colega de trabalho que o estimava muito, desconfiando das atitudes estranhas do amigo, passou a vigiá-lo constantemente, até que um dia surpreendeu-o com a arma na mão pronto a atirar.

– Olavo, não faça isso! Largue essa arma!

Matar-se não vai resolver a sua situação. Ao contrário, tudo vai piorar para você. Ninguém tem o direito de transgredir as Leis de Deus. Tenha paciência, pois o tempo cura todas as feridas da alma.

André, o amigo, era espírita e frequentava um centro localizado num bairro vizinho ao que morava e, todas as vezes em que ia participar das reuniões, escrevia o nome do amigo num papelzinho que era colocado sobre a mesa de trabalhos, a fim de que ele pudesse receber vibrações amorosas.

Conversando com Olavo, naquele dia em que evitou que ele cometesse esse ato tresloucado, falou do mal que faria à sua alma, das consequências terríveis para quem comete esse ato, pois ninguém tem o direito de tirar a própria vida. Explicou que a vida é uma bênção de Deus e, por mais sofrida que seja, é sempre uma oportunidade de aprendizado que nos impulsiona a um crescimento interior e maior aproximação de Jesus.

Por várias vezes, André procurou-o para falar sobre as lições consoladoras que o espiritismo traz para aqueles que muito sofrem. Falou sobre a justiça da reencarnação, da lei de causa e efeito, da vida após a morte e do conforto que a prática da caridade traz a quem a exerce.

Olavo, aos poucos, foi se sentindo mais reconfortado e com mais ânimo de viver.

A princípio, pouco se interessava pelas informações e conselhos que André lhe transmitia, mas, com o tempo, passou a procurar nos livros que André lhe emprestava as respostas às suas indagações, até que, um dia, para surpresa de André, disse a ele que gostaria de participar de uma dessas reuniões do centro espírita.

– Que bom! Amanhã mesmo é dia de reunião. Se quiser ir, passo em sua casa às 19 horas para irmos juntos. A reunião só começa às 20 horas, mas acho bom irmos antes, para você passar pelo atendimento fraterno e conversar com o médium que irá atendê-lo, para receber orientação espiritual. Abra o seu coração sem nenhum constrangimento, conte a ele tudo o que ainda lhe causa angústia e aflições. Sob inspiração do mentor espiritual que o assiste, o médium lhe indicará um tratamento que fará com que possa se equilibrar e aceitar os graves acontecimentos que marcaram sua vida.

No dia seguinte, pontualmente às 19 horas, André tocou a campainha. Olavo, ansioso para ir à tal reunião, já estava pronto e a sua espera.

- Sabe de uma coisa - disse André -, eu estava duvidando da sua decisão e, agora vejo que é um homem de palavra.

- Quando a dor bate à nossa porta, tudo fazemos para mandá-la embora. Depois de tudo o que me disse, como poderia deixar de ir?

- Vamos, então, que já estamos em cima da hora.

No centro, foi recebido com amor por um atendente simpático, que o encaminhou para receber orientação espiritual. Ali, talvez por influência daquele ambiente de paz, ao falar de seus problemas, Olavo não conseguiu reter as lágrimas.

A seguir, amparado por seu guia espiritual, Olavo foi com André sentar-se numa das cadeiras do salão, para ficar aguardando a palestra que ali seria realizada.

Não demorou e o dirigente do Centro adentrou no salão e, após algumas ternas palavras dirigidas a todos, deu início com uma belíssima prece. Logo depois, o palestrante do dia anunciou que falaria sobre um dos mais belos ensinamentos de Jesus: "Bem-aventurados os que choram, porque serão consolados":

"Esta terceira bem-aventurança proferida por Jesus no famoso Sermão do Monte, cai sobre os nossos corações, como uma esperança de que as nossas dores motivadas pelos aborrecimentos, tristezas pela perda de alguém, sofrimentos físicos ou injustiças, serão aliviadas, à medida que nos tornarmos pessoas melhores e colocarmos em prática os ensinamentos que ele nos deixou. Todos nós que vivemos neste mundo de provas e expiações, de algum modo, passamos por sofrimentos, que são lições preciosas

das quais necessitamos para alcançar a nossa evolução espiritual. Entretanto, se soubermos aceitar os sofrimentos, com resignação e coragem, eles se tornam menores. Já a revolta, a queixa constante, fazem com que se tornem insuportáveis. Portanto, depende de nós mesmos aumentar ou abrandar a nossa dor, pela maneira com que encararmos os nossos sofrimentos."

E, assim, o palestrante foi passando às pessoas presentes um pouco mais de esperança e de aceitação das dores e dificuldades que estivessem atravessando. Olavo absorvia as palavras que lhe penetravam na alma, como um bálsamo consolador.

Encerrada a palestra, as pessoas em tratamento eram encaminhadas para as cabines de passes ou de tratamento espiritual específico, conforme as indicações da orientação.

Olavo saiu dali num estado de alma bem diferente de quando entrou e já foi avisando ao amigo que não perderia nenhuma reunião, pois lhe fez muito bem. E, com a frequência às reuniões e leitura dos livros da Codificação e outros, Olavo achou que já era tempo de equilibrar a sua mediunidade que já estava a se manifestar de forma mais ostensiva, frequentando os cursos de educação mediúnica que a casa oferecia, a fim de também poder ser um dos trabalhadores a serviço de Jesus.

Os anos foram passando, sem que Helena mudasse a sua postura em relação ao espiritismo, pois havia sido criada dentro do catolicismo e não desejava mudar a religião que herdara dos pais.

Apesar dos insistentes convites de Olavo, com quem construiu uma união informal, baseada mais na amizade que propriamente no amor, Helena não se interessou em conhecer e participar das reuniões no centro a fim de reequilibrar-se emocionalmente dos acontecimentos passados, mas permitiu que Sofia frequentasse as aulas de evangelização infantil.

Olavo, que via a menina Sofia como a filha

que não teve, tudo fazia para que Helena pudesse se desligar daquele passado sofrido e tivesse uma vida normal.

Constantemente ele a alertava:

– É preciso esquecer o passado e encarar a vida com mais entusiasmo, afinal, ela está lhe dando uma nova oportunidade de ser feliz. Não perca essa oportunidade!

Por mais que Olavo e Sofia fizessem para que Helena mudasse a sua postura para melhor, ela se fechava em si mesma e só queria sair de casa para ir à missa aos domingos, em companhia de alguém que se dispusesse a acompanhá-la.

– Vamos, Helena, venha conosco, você precisa se distrair um pouco – insistia Olavo. – Assim, vai ficar doente.

Mas não adiantava. Geralmente, ela preferia ficar lendo algum livro ou assistindo a um filme na televisão. Só com muita insistência, Olavo conseguia que ela o acompanhasse em alguma reunião social.

Já os trabalhos domésticos do próprio lar, ela os realizava com prazer, já que Marta, a antiga serviçal, há alguns anos desencarnara, vítima de uma infecção generalizada em consequência de uma cirurgia que sofreu.

Entretanto, os anos foram passando, sem que Helena se libertasse daquele ódio que guardava no coração e, com isso, foi se tornando cada vez mais uma pessoa amarga.

Já Sofia, agora uma adolescente, era a bondade em pessoa. De uma beleza suave, a todos encantava pela sua meiguice e doçura. Sempre tinha uma palavra de incentivo e coragem para aqueles com quem convivia, seja no lar, com a própria mãe, seja no centro espírita, que ela já sentia como sendo a sua segunda casa. Muitos a consideravam como um anjo que aportou aqui na Terra para auxiliar aqueles que sofrem.

Pelas intuições que demonstrava ter e por uma percepção aguçada, revelava ser médium em potencial, só esperando um aprofundamento maior na doutrina, o que poderia ser conquistado nos cursos que, em breve, passaria a frequentar, para que a sua mediunidade se revelasse como o abrir das pétalas de uma flor. Participando do grupo de jovens do centro, Sofia esmerava-se em colaborar nas atividades para as quais era convidada.

E assim, pouco a pouco, a sua mediunidade, que se podia dizer iluminada, foi revelando os dons que possuía e que deveriam ser utilizados para favorecer a vida de irmãos encarnados ou desencarnados, que para ali eram encaminhados pela própria espiritualidade. E, com isso, angariaria méritos para si mesma, para o seu crescimento interior.

> Felizes serão os que tiverem trabalhado o campo do Senhor com desinteresse e movidos apenas pela caridade!
>
> **E.S.E. (Cap. XX - item 5.)**

10. Flávio

FLÁVIO, QUE NA encarnação anterior fora Renato, nunca mais foi o mesmo, desde o infausto acontecimento que quase lhe tirou a vida.

Por dias, semanas, meses e até mesmo alguns anos, esperou que Carminha o procurasse ou desse alguma notícia. Que fora feito dela?

Quantas e quantas vezes fizera essa mesma pergunta, sem que obtivesse nenhuma informação. Simplesmente, ela havia desaparecido.

Buscou até mesmo com um desses videntes que mercadejam com a própria mediunidade, que algum espírito pudesse lhe dar uma pista do seu paradeiro.

Nesse estado de alma, já sem esperança de reencontrar a sua amada, e, com uma ponta de amargura a lhe fazer doer o coração, também pela saudade da filhinha Sofia que nunca mais viu, Flávio abandonou tudo, trabalho, amigos, passando a viver nas ruas, como um mendigo, e à custa da caridade alheia.

Ali nas ruas, em companhia de outros mendigos, foi adquirindo muitos vícios, entregando-se a uma verdadeira degradação moral. Até preso acabou sendo, por um pequeno furto cometido, mas logo foi solto, voltando às ruas.

Um dia, porém, uma comitiva de voluntários do bem recolheu alguns mendigos, entre eles Flávio, encaminhando-os para um abrigo da Prefeitura local e lá, banhado, alimentado e com roupas limpas, foi reconhecido por um antigo colega de faculdade, que o encaminhou a uma instituição espírita beneficente.

Acolhido com amor pelos servidores da caridade, pouco a pouco Flávio foi se reerguendo moralmente. Noções da doutrina espírita e ensinamentos evangélicos lhe foram ministrados e, com o tempo, voltou a trabalhar, com ânimo renovado.

No emprego, por ser um homem de boa aparência, com uma certa elegância, via-se cercado de mulheres sonhadoras, que viam nele uma esperança de casamento. Flávio, porém, desiludido com o amor, não se interessava por mais ninguém.

Um dia, porém, uma funcionária, que ainda não conhecia, retornou ao trabalho depois de alguns meses de licença, por causa de um tratamento de câncer, a que teve de se submeter, e que lhe devolvera a saúde.

Sentada numa mesa quase próxima à sua, Flávio não se cansava de admirar a sua beleza.

Aos poucos, Mariana foi retribuindo os olhares de Flávio com um tímido sorriso, até que um dia se encontraram na saída do trabalho:

- Como vai, Mariana? Fiquei sabendo da sua doença. Ficou boa?

–Graças a Deus estou curada! O meu tumor era pequeno e, felizmente, não tinha metástases, porque foi descoberto ainda no começo. Além disso, o tratamento espiritual que recebi ajudou bastante.

- Você é espírita também? - perguntou Flávio.

- Por que também?

- Eu hoje sou espírita, antes nem religião eu tinha, mas com a ajuda de um amigo passei a frequentar um centro onde recebi muita ajuda num momento difícil da minha vida, desesperador, mesmo. Qualquer dia eu lhe falo um pouco da minha vida, dos meus erros e dos sofrimentos pelos quais passei. Isso, se você quiser encontrar-se comigo novamente.

– Gostaria muito de poder conversar um pouco mais. Agora, porém, estou com um pouco de pressa, pois tenho um compromisso inadiável.

– Então, boa tarde e até qualquer hora! Foi um prazer imenso conversar com você.

Geralmente, Flávio saía do serviço um pouco mais tarde que Mariana e, assim, nem sempre coincidia de se encontrarem. Até que, após alguns dias, tiveram outro encontro casual e decidiram marcar de se encontrarem no final da semana para uma conversa mais longa, onde cada um pudesse falar um pouco de si.

No sábado, às quinze horas, sentado à mesa de uma lanchonete, Flávio não tirava os olhos da porta, aguardando ansiosamente a chegada de Mariana, mas as horas foram passando e nada dela chegar.

Já cansado e desiludido, levantou-se para se

retirar e, já na calçada, viu Mariana descer de um táxi, e se aproximar, logo dizendo:

– Desculpe-me, Flávio! Ainda bem que você ainda não foi embora. Eu me atrasei porque precisei levar minha mãe ao pronto-socorro; ela passou mal com uma crise de asma e, na correria, esqueci o meu celular e não tive como lhe avisar. Felizmente, após uma inalação, ela melhorou e já está em casa.

– Eu já estava pensando que seria mais uma derrota na minha vida. Mas ainda bem que você chegou; precisamos nos conhecer melhor, pois estou muito interessado em você, e espero que também tenha algum interesse em mim.

Retornando ao interior da lanchonete, passaram algumas horas agradáveis, lanchando e conversando bastante e nem viram o tempo passar. Quando perceberam, já era noite e Flávio decidiu acompanhar Mariana até sua casa. Embora, por educação, ela o convidasse para entrar, Flávio não julgou conveniente e, ali mesmo no portão, despediu-se dela com um beijinho na face.

Passaram-se alguns dias, sem que tivessem oportunidade de outros encontros.

Certa manhã, porém, coincidiu de se cruzarem logo na chegada ao trabalho.

– Olá, Flávio, como vai? Faz tempo que não nos falamos.

– É verdade, Mariana, o meu trabalho tem sido tanto que mal tenho tempo de tirar os olhos da tela do computador. Mas, hoje, vendo-a de perto, percebo que está ainda mais bela, principalmente quando sorri, como agora.

E, após algumas trocas de amabilidade, decidiram encontrar-se novamente no final da semana.

– Que tal um cineminha no shopping neste sábado? Está passando um filme sensacional, que eu gostaria de assistir. Você me acompanha?

– É claro que sim! Também estou precisando sair um pouco para espairecer e a sua companhia me trará grande prazer.

– Então passarei em sua casa para pegá-la, com tempo de alcançarmos a sessão das seis. Assim, poderemos ainda passar algumas horas conversando na praça da alimentação, depois da saída do cinema.

– Ótimo! Vai ser muito bom ter a sua companhia para passear; só não posso voltar muito tarde para casa porque fico preocupada com minha mãe. O meu pai, apesar da idade avançada, ainda vive mergulhado no trabalho que exercia antes de se aposentar, cuidando particularmente dos negócios de amigos que ainda o procuram e, por isso, não dá muita atenção às necessidades da esposa, que se sente um pouco desprezada. Meu irmão já tem sua própria família para cuidar e, raramente, passa lá em casa para ver se estamos precisando de alguma coisa de ordem material, pois afetiva, pouca importância dá.

– É assim mesmo o que acontece com muitas famílias. Cada um só busca os próprios interesses. Se todos tivessem os conhecimentos espíritas que hoje temos, o mundo seria bem melhor. Mas já estamos a caminho de o nosso planeta se tornar um mundo com menos dores, com mais fraternidade, um mundo de regeneração.

Como esse, outros encontros foram acontecendo e, aos poucos, um sentimento terno e suave foi tomando conta de seus corações. Não aquela paixão violenta, eivada de ciúmes, mas um amor puro e verdadeiro, baseado na compreensão e na sinceridade.

E é justamente esse tipo de amor, que permanece por muito tempo, até mesmo por uma vida inteira.

Quantas uniões duram pouco, quando pautadas em interesses ou motivadas, simplesmente, por atração sexual. Também aquelas em que falta o respeito de um para com o outro, têm pouca duração!

Quem ama verdadeiramente tudo faz para preservar a união com aquele que escolheu para dividir sua vida.

Mas, na união conjugal, ao lado da lei divina material, comum a todos os seres vivos, existe outra lei divina, imutável como todas as leis de Deus e exclusivamente moral, que é a lei do amor.

E.S.E. (Cap. XXII – item 3.)

11. Sofia

DOZE ANOS SE passaram desde a mudança de Helena para Florianópolis. Sofia, no frescor da juventude, era muito requisitada pelos colegas do colégio que frequentava, que muito a admiravam, não só pela beleza suave, mas, principalmente, pela beleza da alma que a diferenciava de outras jovens da sua idade. Sempre tinha uma palavra amiga e sensata quando algum amigo a procurava, necessitado de orientação para a solução deste ou daquele problema que estivesse atravessando.

Era também uma aluna brilhante e generosa, sempre pronta a auxiliar os colegas que estivessem com alguma dificuldade nos estudos.

Dentro da doutrina espírita, pelos conhecimentos adquiridos e pelas virtudes que demonstrava possuir, já colaborava com os instrutores, nas aulas de evangelização infantil.

E no campo da mediunidade, que se aflorava cada vez mais, além da vidência, da psicofonia e da psicografia, também possuía o dom de cura em grande potencial.

Assim, aquela alma generosa que, no passado, fora a menina Júlia, agora, como Sofia, tinha certa missão a cumprir, conforme lhe fora revelado em sonho, quando tinha apenas três anos, a fim de ajudar sua mãe atual a crescer espiritualmente.

Assim, aos poucos, ia tentando incutir-lhe princípios morais, que colaborassem para a reforma íntima de Helena, que ainda não havia conseguido perdoar Flávio e Carminha, mesmo após tantos anos.

Certa ocasião, ao chegar para a aula de evangelização infantil, Sofia recebe um novo aluno, que para ali fora levado pela mãe, que, desesperada, não sabia mais o que fazer para que seu filho Tiago, de apenas quatro anos, pudesse ter um sono mais tranquilo, sem acordar aos sobressaltos e chorando muito todas as noites, pelos constantes pesadelos que tinha e que não o deixavam dormir em paz.

Tiago era fruto da união de Flávio com Mariana e, justamente por Flávio haver sido transferido para Florianópolis, a fim de gerenciar uma filial da firma construtora onde trabalhava, mudaram-se para essa bela cidade.

Aconselhado por um médico espírita, procuraram informações sobre um centro onde Tiago pudesse receber um tratamento espiritual adequado ao problema que enfrentava. Indicaram-lhe justamente aquele centro, onde Sofia exercia suas atividades espirituais.

Ao ver a criança e logo percebendo uma nuvem escura sobre a sua cabecinha, Sofia concluiu que esse deveria ser mais um caso grave de obsessão espiritual, dizendo:

– Dona Mariana, a senhora teria condições de voltar na próxima segunda-feira, trazendo seu filho para fazer uma entrevista com um dos médiuns do atendimento fraterno? Certamente, ele lhe indicará o tratamento que o seu filho deverá fazer. Mas, mesmo assim, é importante que ele comece a frequentar as aulas de evangelização infantil.

– Tenho sim. Não deixarei de vir, pois pelo meu filho farei tudo o que estiver ao meu alcance para que ele se livre desses pesadelos terríveis.

Na segunda-feira, realmente, lá estavam eles à espera de serem chamados para a primeira entrevista. O médium que os atendeu, intuído pelo mentor, encaminhou o menino para um tratamento de desobsessão, que seria feito a distância, com a presença somente do pai, que, felizmente, ali também se encontrava.

Mariana retirou-se levando Tiago, que já estava sonolento, para casa.

Após a reunião coletiva, em que um expositor fez uma bela explanação, que a todos emocionou profundamente, foram iniciados em cabines reservadas, os trabalhos de desobsessão.

Ao ouvir chamarem o nome do filho, Flávio se dirigiu para a cabine, percebendo que, com a sua chegada, logo uma das médiuns se moveu agitada, aguardando permissão do dirigente para dar passagem a uma entidade que para ali fora levada pelos mentores espirituais.

Muito bravo, o espírito manifestou a sua revolta:

- Por que me seguraram aqui? Por que não me deixaram ir embora com o menino?

- Por que, meu irmão, você está fazendo isso? - perguntou o médium doutrinador.

– Não é dele que tenho ódio e sim, do pai. Por meio da criança, estou atingindo o pai, que tanto me prejudicou. Se ele esqueceu o que me fez, eu não esqueci e, por causa dele, tenho sofrido horrores.

– E você acha que, com essa vingança, vai conseguir ser feliz?

– Talvez não consiga a felicidade que desejo, mas me sinto vingado. O trouxa do meu amigo, que também foi prejudicado por ele, faz algum tempo que reencarnou, mas ainda não descobri onde está, mas vou descobrir e lhe perguntar por que aceitou retornar num outro corpo, me deixando sozinho com o nosso plano de vingança.

– Pois eu lhe garanto que ele deve estar muito mais feliz que você, porque, com certeza, já perdoou e você, meu irmão, continua a agasalhar esse ódio no coração. Experimente perdoar também, e verá como será muito mais feliz. Aquele que tanto odeia, não sabe, mas está fazendo mal a si mesmo.

Nisso, intuído pelo mentor, o doutrinador pediu a ele para se concentrar, pois lhe seria mostrado onde estava o seu amigo.

Após alguns segundos, espantado, gritou:

- Não! Não pode ser, ele não... O que estou fazendo com o meu amigo? É o menino que não tenho deixado dormir em paz e como não o reconheci? Mas por que foi renascer justamente como filho dele?

- Meu irmão, a justiça divina é sábia. Seu amigo nasceu para se reajustar com o seu ofensor, ser por ele muito amado e também para aprender a amá-lo.

- E será que o meu amigo já sabe que sou eu quem o está prejudicando?

- Quando acordado, talvez não saiba, mas fora do corpo pelo sono físico, deve saber.

- E o que faço, então?

- Peça perdão a ele e aceite a ajuda espiritual que lhe queiram proporcionar, e se prepare para uma nova encarnação que lhe trará a bênção do esquecimento para inundar o seu coração de paz. Só o amor redime as almas em grandes débitos. Ame e será, igualmente, muito amado.

– Mas eu não quero reencarnar, como o meu amigo. Se ele desistiu, eu não! Preciso me vingar de qualquer jeito! Eu já aprendi que temos o nosso livre-arbítrio para fazermos as nossas escolhas e, assim, decidi que não quero reencarnar e não vou, mesmo! Essa conversa de que será para o meu bem, não acredito. O meu bem será a minha vingança. O meu amigo vou deixar em paz, mas aquele safado, não!

– Se persistir no mau caminho, perderá o seu direito de escolha e terá uma encarnação compulsória, pois de uma forma ou de outra, todos nós precisamos evoluir. Portanto, decida, meu irmão, será para o seu bem, sim!

Com raiva e esbravejando muito, ele se desligou do médium, encerrando a comunicação, enquanto os demais médiuns da corrente, oravam em seu favor.

Mesmo sem ter entendido o que se passou na cabine, Flávio intuiu que tudo estava sendo resolvido, e sentiu uma grande paz. Elevou o seu pensamento a Deus e a Jesus, por meio de uma sentida prece em sinal de gratidão.

Quando lhe avisaram que poderia se retirar, voltou direto para casa, e constatou que Tiago, naquele momento, dormia tranquilamente.

E, na semana seguinte, Mariana levou o seu filho para a primeira aula de evangelização, com a "tia" Sofia. Ambas, porém, ainda não sabiam que os dois eram irmãos.

Na presença de Tiago, mesmo sem saber desse parentesco entre eles, Sofia sentiu uma afinidade tão grande, que teve ímpetos de aconchegá-lo em seus braços.

Depositando um suave beijo em sua testa e demonstrando muito carinho por ele, cativou-o imediatamente.

Apresentou-lhe os coleguinhas da classe que passou a frequentar, que, em uníssono, o cumprimentaram com palavras de boas-vindas, como a tia Sofia ensinou:

– Seja bem-vindo, Tiago!

Sentindo-se à vontade, ele se aproximou dos companheiros, irradiando satisfação e logo fez muitas amizades.

Voltando para casa, foi logo dizendo à mãe que gostaria de ir ali todos os dias, mas ela lhe explicou que as aulas seriam apenas uma vez por semana, aos sábados.

– Que pena! – disse ele. – Vai demorar muito pra chegar o outro sábado?

Mariana riu com as palavras do filho ao demonstrar tanto interesse pela aula de evangelização!

> Deus não faz as provas superiores às forças daquele que as pede; só permite as que podem ser cumpridas; se isto não se verifica, não é por falta de possibilidade, mas de vontade.
>
> **E.S.E. (Cap. XIV – item 9.)**

12. O reencontro

MAIS TRÊS ANOS se passaram... Sofia tinha, agora, dezoito anos e Tiago estava com sete. Era imenso o carinho que Sofia sentia por Tiago, mesmo ainda sem saber que eram irmãos por parte de pai.

Um dia, porém, em meio a uma brincadeira

com as crianças da evangelização, Sofia percebeu que Tiago começou a apresentar certa dificuldade para correr; suas pernas pareciam estar enfraquecidas.

Atenta, ao final da aula, comunicou à mãe do menino o que estava ocorrendo e pediu a ela que observasse e, caso continuasse assim ou se piorasse, ela deveria procurar um médico para fazer alguns exames no seu filho.

Como boa mãe, atenta ao problema, Mariana foi percebendo que Tiago estava ficando com as pernas cada vez mais enfraquecidas, a ponto de cair com frequência. Logo procurou um clínico, que encaminhou o menino a um neurologista.

O especialista pediu uma bateria de exames, mas, após verificar os resultados, não conseguiu chegar a nenhum diagnóstico e recomendou à mãe que levasse Tiago a um professor seu, para ouvir a opinião dele, e assim foi feito, sem que se descobrisse a causa da doença.

Começou, então, para Mariana e Tiago,

uma verdadeira romaria pelos consultórios médicos, pois Tiago não mais conseguia andar, tendo necessidade de usar cadeira de rodas.

Um dos médicos consultados, porém, disse a Mariana:

- Infelizmente, o problema de Tiago ainda é uma incógnita para a medicina. Não sei qual é a sua religião, mas talvez seja melhor tentar um tratamento de cura espiritual.

- Nós somos espíritas - respondeu Mariana - e não sei por que não procurei antes por esse tipo de tratamento. Amanhã mesmo conversarei com alguém do centro que costumamos frequentar.

Mariana, então, procurou novamente por Sofia, para ver o que seria possível fazer por Tiago ali no centro.

Conversando sobre o caso com a diretora do centro, esta logo lhe disse:

- Sofia, por que você mesma não aplica nele os fluidos de cura, já que você também tem esse tipo de mediunidade? Embora nunca tenha usado esse dom efetivamente, lembre-se que isso já lhe foi dito pelo próprio mentor desta casa.

– Mas será que tenho realmente esse dom? Não acredito que eu possa ter méritos para isso.

– É claro que tem, minha filha! Pelo seu comportamento nesta casa, pelo seu esforço, carinho e dedicação com as crianças, tem testemunhado ser uma pessoa de bem e com uma grande missão a cumprir.

– Sendo assim, não posso me negar a fazer o que estiver ao meu alcance, contando sempre com a ajuda do meu guia espiritual, que percebo estar junto a mim em todas as atividades espirituais que realizo.

Logo Sofia começou o tratamento de cura espiritual em Tiago, assessorada, não só pelo seu guia, mas sob a tutela de Bezerra de Menezes.

Após algumas semanas, Tiago já começava a apresentar melhora. Contudo, conforme foi revelado por meio de um médium psicofônico, o problema de Tiago era cármico, isto é, colheita do que plantou em existências passadas e, por isso, a verdadeira cura só aconteceria quando ele pudesse demonstrar crescimento interior. Mesmo assim, prosseguiu com o tratamento espiritual e frequentando a evangelização infantil.

Numa dessas tardes, em que Mariana levava o menino Tiago para o tratamento espiritual, adentrou no centro uma senhora, tendo nos braços uma criança muito debilitada, de uma palidez assustadora, pedindo encarecidamente ajuda para o seu filhinho.

Era Carminha, que carregava no colo Otávio, o comparsa de Rubens, agora reencarnado como Lucas que, por consequência do ódio do qual não conseguia se libertar, renascera com um organismo muito frágil e com sérios problemas de saúde. Mal conseguia respirar. Seu choro era fraquinho e, apesar de já estar com quase um ano de idade, era muito miudinho e ainda nem conseguia sentar.

E, como já havia consultado muitos médicos, que lhe indicavam também algumas fisioterapias e fonoaudiólogos, que pudessem incentivar o menino em suas funções motoras, pouco ou quase nada se obtinha de resultados favoráveis. Desesperada, Carminha resolveu procurar aquele centro espírita, que lhe indicaram, como último recurso para que o seu querido filhinho pudesse ter um desenvolvimento, senão normal, mas, pelo menos, satisfatório.

E, foi assim, que Otávio e Rubens, os antigos comparsas, puderam reencontrar-se nessa nova encarnação.

Se iriam se regenerar, só o tempo diria...

Mas, como tudo neste mundo, nada acontece por acaso. Se eles se reencontraram, algum motivo haveria para isso.

Certamente, esse encontro já havia sido programado quando ainda se encontravam na espiritualidade, e se assim aconteceu, foi no momento certo, para que ambos se regenerassem.

Hoje, na vossa sociedade, para ser cristão já não se precisa enfrentar a fogueira do mártir, nem o sacrifício da vida, mas única e simplesmente o sacrifício do egoísmo, do orgulho e da vaidade. Triunfareis, se a caridade vos inspirar e fordes sustentados pela fé.

E.S.E. (Cap. XI – item 13.)

13. O destino se cumpre

CARMINHA E JOÃO Paulo, como se sabe, residiam em Campinas e tinham uma vida harmoniosa e dedicada a servir ao próximo num centro espírita, onde realizavam um trabalho fraterno. Mesmo já casados há alguns anos, Carminha não conseguia engravidar. Quando já estava quase desistindo de ter filhos, finalmente conseguiu. Carminha engravidou, mas teve uma gravidez muito difícil e sofrida, que a obrigou a se afastar dos trabalhos assistenciais que realizava no centro. Entretanto, João Paulo, como médico, envidava todos os esforços para que ela pudesse ter o seu sofrimento amenizado.

Um dia, quando João Paulo estava no centro, recebeu por um médium, uma mensagem do seu mentor, dizendo que o filho que Carminha esperava precisaria ser muito amado pelos dois.

João Paulo estranhou aquelas palavras, que considerou ser um alerta sobre qualquer eventualidade que pudesse surgir e, como o receio começou a se apoderar dele, preferiu não comentar nada com Carminha.

Ao final dos nove meses de espera, num parto complicado, a criança finalmente nasceu. Era um menino, cujas feições pareciam um tanto estranhas, os olhos refletiam o ódio do qual não conseguia se libertar, mas Carminha olhava-o com olhos de mãe, que sempre vê beleza nos filhos, mesmo não sendo belos. Foi com dificuldade que Lucas aprendeu a sugar o leite materno.

À medida que os meses passavam, Carminha foi percebendo que o seu amado filhinho não apresentava uma evolução física normal e isso a preocupava. Além de que, estava sempre doentinho.

João Paulo, embora sendo médico, com a vida atribulada que tinha, nem sempre percebia o que estava ocorrendo com o filho. Um dia, porém, quando voltou do trabalho, Carminha lhe perguntou:

– Querido, você é médico e entende melhor que eu, mas não acha que o nosso filhinho está um pouco atrasado em seu desenvolvimento? Ele me parece mais fraquinho que o normal. Será que ele tem algum problema?

Sensatamente, João Paulo procurou tranquilizá-la, sem, contudo, deixar de ser sincero:

– Não, Carminha, acho que ele é mesmo um pouco pequeno, mas ainda é muito novinho para se perceber alguma coisa de errado nele. Há crianças que demoram um pouco mais para se desenvolver. Mas vou prestar mais atenção e, se notar algo estranho, eu serei o primeiro a procurar ajuda. Você sabe que tratar de crianças não é a minha especialidade; sou um cirurgião gástrico, e não pediatra.

Mas, aos poucos, também João Paulo começou a perceber que o seu filho tinha, realmente, alguma anormalidade física e, com Carminha, iniciaram uma verdadeira romaria pelos consultórios médicos, que não lhes deram nenhuma esperança de cura.

Também lá no centro espírita onde João Paulo prestava a sua colaboração como médium, foram em busca de ajuda para o filhinho que, apesar de todos os problemas que apresentava, era muito querido por todos.

Um dia, porém, um amigo, que também costumava frequentar aquele centro, lhes disse:

– Vocês nunca ouviram falar de um centro que tem sido muito procurado, por causa das muitas curas espirituais que tem realizado? Se não me engano, fica em Florianópolis.

– Que centro é esse? Procure saber o nome e o endereço para mim – disse João Paulo –, pois é claro que iremos atrás. Por meu filho, se precisar, vou até o fim do mundo.

João Paulo acatou a sugestão do amigo e, com Carminha, decidiram fazer a viagem levando o filho. Lá chegando, cheios de esperança, procuraram localizar o tal centro.

Mas como João Paulo precisava atender a outros compromissos, encarregou Carminha de levar a criança para uma consulta espiritual. E foi assim que puderam chegar naquele centro, onde a jovem Sofia exercia as suas atividades no tratamento de cura espiritual.

Ali recebidos com muito carinho, mãe e filho foram atendidos numa consulta, que, para Carminha, representou uma verdadeira mensagem de esperança e de fé, tais os bons conselhos e orientações que a médium, por inspiração do mentor, lhe passou.

Mais tarde, já em casa, ela disse a João Paulo:

– Querido, acho que agora acertamos na escolha do tratamento do nosso Lucas. Sente-se naquele ambiente uma paz muito grande, que nos leva a refletir sobre o quanto Deus é bom em nos mostrar o caminho certo a seguir. Mas já me avisaram que o tratamento poderá ser demorado e, como nós moramos tão distantes, pensei se não seria melhor que mudássemos para cá. Sem falar nas despesas, que serão muitas, penso que essas viagens constantes talvez não sejam boas para o nosso filhinho, que poderá ficar muito cansado. O que acha?

– Você tem razão, acho que vou falar com o diretor do hospital onde trabalho e providenciar a minha transferência para cá.

Em benefício da criança, assim foi feito. As providências para a mudança foram tomadas e, finalmente, o destino traçou o seu curso, direcionando aquele encontro com o passado. O que poderá resultar desse encontro, vai depender do livre-arbítrio de cada um.

> Vejamos que meios nosso Pai Misericordioso me concedeu, para aliviar o sofrimento do meu irmão. Vejamos se o meu conforto moral, meu amparo material, meus conselhos, poderão ajudá-lo a transpor esta prova com mais força, paciência e resignação.
>
> **E.S.E. (Cap. V – item 27.)**

14. O tratamento de Lucas

CARMINHA ESPERAVA COM ansiedade a chegada do dia para o tratamento de Lucas, o seu amado filhinho, até que, finalmente, chegou.

Um pouco antes do horário marcado, lá estava ela com o menino no colo. Enquanto aguardava o tratamento, sentou-se numa das cadeiras do salão onde eram realizadas as palestras. Justamente, naquele dia, foi lida e comentada a seguinte passagem do Evangelho:

> Então lhe apresentaram uns meninos para que os tocasse; mas os discípulos ameaçavam os que lhes apresentavam. O que, vendo Jesus, levou-o muito a mal, e disse-lhes: Deixai vir a mim os pequeninos, e não os embaraceis, porque o Reino de Deus é daqueles que se lhes assemelham. Em verdade vos digo que todo aquele que não receber o Reino de Deus como uma criança, não entrará nele. E abraçando-os, e pondo as mãos sobre eles, os abençoava. (Marcos, X:13-16.)

Mal começou a palestra, o menino adormeceu e o seu espírito, emancipado pelo sono, adquiriu um pouco de lucidez e conseguiu ouvir e entender as palavras proferidas, que lhe tocaram o coração. Mesmo adormecido, sua mãe percebeu uma lágrima vertida de um dos seus olhinhos e que escorria pela face.

Terminada a palestra, as pessoas presentes foram encaminhadas para os respectivos tratamentos. Finalmente, chegou a vez de Lucas ser atendido.

Acomodado no colo da mãe, Lucas continuava dormindo, enquanto ela, profundamente concentrada, orava com fervor, rogando a Jesus que seu filhinho pudesse se curar:

> *– Jesus, divino mestre, por piedade eu vos rogo auxílio para o meu filhinho, que tantos problemas de saúde tem apresentado e, como mãe, embora reconhecendo a justiça divina, tenho sofrido muito. Se for possível, Senhor, aliviai a minha dor, fazendo com que ele melhore de alguma forma, mesmo que ainda não consiga se tornar igual às outras crianças que tenho visto. É sabendo do vosso poder, que humildemente vos faço esta súplica.*

Sofia foi a médium escalada para aplicar-lhe o passe. Quem, naquele momento, pudesse visualizar o que se passava no plano espiritual ficaria deslumbrado com tanta luz que se irradiava das mãos de Sofia.

Assessorada por seu mentor espiritual e agraciada pela presença de Bezerra de Menezes, de quem sentia a emanação fluídica, Sofia, com as mãos sobre a cabeça do menino, rogava a proteção do divino mestre Jesus para aquela criança que, intuitivamente, já sabia ser um grande devedor.

Durante semanas e semanas a cena se repetiu, e a melhora de Lucas já era percebida a olhos vistos por todos que o conheciam. Mais corado e com a respiração normalizada, já conseguia engatinhar e ensaiar os primeiros passos. A fala, porém, ainda não passava de algum balbuciar.

Após quase um ano de tratamento ininterrupto, Lucas já era uma criança mais esperta, apesar de ainda estar abaixo do desenvolvimento de outras crianças da sua idade.

Carminha não sabia como agradecer à proteção divina, e João Paulo constatando o progresso do filho, embora lento, passou a frequentar as reuniões noturnas, pois o trabalho como médico, não lhe permitia acompanhar a esposa no tratamento de Lucas, que era realizado no período da tarde.

E assim, também João Paulo deu a sua contribuição naquele centro, não apenas com a sua presença às reuniões, mas com o trabalho espiritual, voltando a fazer uso da sua mediunidade.

Em comemoração ao Dia das Crianças que se aproximava, todos os pais foram convidados a participar, com seus filhos, de um evento que se realizaria num final de semana, em que seriam distribuídos livros de historinhas, com ensinamentos espíritas, para as crianças que estivessem presentes, mas sempre de acordo com a idade e amadurecimento de cada uma, além de guloseimas, que são sempre um atrativo para todas e, muitas brincadeiras que prometiam ser bem divertidas.

As crianças não pensavam em outra coisa e, com muita ansiedade, aguardavam o dia da festa, até que, finalmente, o grande dia chegou.

Mais uma vez, o destino agia em favor daqueles envolvidos num passado de erros, e que precisavam de um reajuste íntimo para poderem alcançar a própria evolução.

Assim, por ação do destino, haveriam de reunir-se aquelas pessoas separadas pelo ódio, para que aproveitassem a nova oportunidade que a vida lhes oferecia, para perdoar os erros do passado e voltarem a se amar, como verdadeiros irmãos, filhos de um mesmo Pai, como todos nós.

A oportunidade surgida por amor, se perdida, certamente voltará, mas por meio da dor.

Portanto, nunca é tarde demais para se aprender as lições que a vida queira nos ensinar.

> Nunca vos esqueçais que, quando Deus vos desferir um golpe, ao lado da maior prova Ele coloca sempre uma consolação.
>
> **E.S.E. (Cap. XVI – item 14.)**

15. A festa

NAQUELE SÁBADO, O centro apresentava um aspecto festivo. A criançada estava eufórica e os médiuns da casa, sempre vigilantes para que ninguém se machucasse ou viesse a brigar e os pais pudessem sentir-se à vontade e confiantes.

Pontualmente, às 15 horas, um pequeno grupo vocal, formado com algumas crianças, sob o comando de uma outra professora da evangelização infantil, pôs-se a cantar, o que emocionou a todos, principalmente os pais dos pequenos cantores.

Algumas brincadeiras com as crianças puderam ser realizadas. A alegria era geral. Os livrinhos foram distribuídos e as guloseimas entregues dentro de sacolinhas. Sobre a mesa estavam à disposição de todos os convidados grande variedade de doces e salgados.

Durante a festa, Tiago e Lucas puderam se encontrar. Tiago, mesmo na cadeira de rodas, participava de algumas brincadeiras e não se cansava de olhar para Lucas, que no colo da mãe, pouco entendia do que estava acontecendo. Ao olhar para aquele menino tão pequeno, aproximou-se e teve a nítida impressão de que o conhecia de algum lugar. Curioso, indagou da mãe:

– Como é o nome dele? Quantos anos ele tem?

– Ele se chama Lucas e vai fazer 2 anos. E você: qual é o seu nome e que idade tem?

– Tiago, e vou fazer 9 anos.

– Você é um menino muito bonito!

– Obrigado – respondeu Tiago.

Vendo o interesse de Tiago por Lucas, Carminha também foi se aproximando de Mariana e, apesar de não se conhecerem, puseram-se a conversar sobre os filhos. Cada uma falando sobre os problemas das crianças, os tratamentos que estavam recebendo, não só os espirituais, como também os da medicina terrena.

E assim, a simpatia surgiu entre elas. Já era o começo de uma grande amizade. Mas o destino ainda lhes preparava uma surpresa.

Ao final da festa, antes de regressarem aos seus lares, trocaram números de telefones, para poderem se comunicar.

Alguns dias se passaram e, pelas tribulações da vida, nenhuma delas se lembrou de telefonar para a outra, a fim de estreitarem os laços de amizade. Quase um mês se passou, até que Carminha, remexendo em sua bolsa, se deparou com um papelzinho dobrado ao meio, abriu-o e viu um número de telefone com o nome Mariana. Foi aí que se lembrou dela. Pegando o telefone, digitou o número, mas estava dando sinal de ocupado.

Mais tarde, ligou novamente, e uma voz masculina atendeu. Ao ouvir aquela voz que lhe parecia conhecida, Carminha estremeceu, lembrou-se de Flávio e começou a gaguejar antes de dizer:

– Por gentileza, Mariana está?

O mesmo aconteceu com Flávio; pensou que estava sonhando, pois acreditou reconhecer a voz de Carminha, o seu grande amor do passado.

– Alô? – insistiu Carminha, achando que a ligação havia caído.

Despertando do susto, Flávio respondeu:

– No momento ela não está. Por acaso ela tem o seu telefone? Se tiver, quando chegar, retornará a ligação.

– Tem, sim. Vou aguardar. Obrigada!

Desligando, ambos começaram a pensar na estranha coincidência de terem reconhecido a voz que ouviram.

Ao chegar, Mariana recebendo o recado, ligou para Carminha e ambas travaram um diálogo agradável. Durante a conversa, Mariana comunicou que daí a um mês seria o aniversário de seu filho e que pretendia fazer uma festinha, convidando alguns amiguinhos dele e que teria muito prazer se ela pudesse comparecer com Lucas.

– Iremos sim, com o maior prazer. Está na hora do meu filho cultivar algumas amizades. Sei que há uma diferença de idade entre eles, mas acredito que isso não tem importância, quando existe afinidade.

Mas as coisas nem sempre acontecem como desejamos e Tiago acabou comemorando o seu aniversário de cama, com catapora, uma doença transmissível e, por isso, não convidou ninguém e a festa teve de ser suspensa.

Mesmo assim, ficou feliz com o presente

que recebeu da mãe: um celular, para poder conversar mais vezes com os amiguinhos.

– Oba!!! – exclamou. – Obrigado.

Do pai ganhou uma pequena televisão para colocar no seu quarto e assistir aos desenhos e outros programas preferidos.

– Valeu, pai, adorei! Vou ligar para assistir aqui mesmo, já que estou doente e não posso sair da cama.

Dias depois, já completamente recuperado, Tiago pôde voltar à escola e às aulas da Evangelização. A sua surpresa foi grande quando encontrou Lucas, que já participava dessas aulinhas no centro, mas numa turma de crianças menores, condizentes com a idade dele ou um pouco mais velhas.

Ao término da aula, Tiago procurou por Lucas para abraçá-lo e perguntar como estava, mas ele já havia ido embora. O pai veio buscá-lo mais cedo, a pedido da professora, ao perceber que o menino já estava muito cansado e querendo dormir.

Os verdadeiros laços de sangue não são os da consanguinidade, mas os da simpatia e da comunhão de pensamentos, que unem os espíritos, antes, durante e após a encarnação.

E.S.E. (Cap. XIV – item 8.)

16. O despertar de Helena

CADA VEZ MAIS isolada de qualquer convívio social, Helena foi entrando em depressão e, assim, por muitas vezes, Olavo, ao voltar para casa depois de um dia de trabalho exaustivo, a encontrava dormindo, sem sequer ter preparado a refeição e nem mesmo se alimentado.

Chorava sem motivo justo, dizia-se sempre cansada e sem apetite e só à custa de muita insistência é que Olavo conseguia que ela, pelo menos, tomasse banho. Por nada se interessava e dizia que tinha vontade de morrer.

Olavo, muito paciente, como um bom espírita, tudo fazia para poupá-la de algum aborrecimento e procurava criar situações em que ela pudesse se distrair de alguma forma. Mas nada adiantava... E, naquele estado, cada vez mais fragilizada fisicamente e com pensamentos negativos, estava abrindo espaço em seu psiquismo para infiltrações de espíritos na mesma sintonia mental e que a levavam a ficar ainda pior.

Em todas as reuniões do centro espírita, Olavo solicitava aos companheiros de trabalho que colocassem o nome dela para vibrações que a ajudassem a se reerguer dessa prostração. Ele mesmo sentia-se impedido de cumprir com a tarefa tão nobre que lá exercia, tão preocupado ficava em deixá-la sozinha. Somente podia sair para trabalhar, porque durante o dia a deixava em companhia de uma serviçal muito paciente e dedicada.

Remédios fortíssimos lhe eram receitados, sem que ela melhorasse.

No entanto, mesmo sem poder sair, em casa realizava o Evangelho no Lar com regularidade, embora só, porque Sofia estudava à noite fazendo medicina, pois pretendia se especializar em pediatria, e Helena não costumava participar. Ao terminar, Olavo lhe dava um pouco da água que havia sido fluidificada e na qual os bons espíritos depositavam os fluidos necessários para que Helena se fortalecesse, e ela tomava com prazer, achando que era apenas uma gentileza da parte dele.

Assim, além da medicação que os psiquiatras receitavam e das vibrações feitas para ela no centro, aos poucos Helena foi melhorando e percebendo que a ajuda espiritual lhe estava sendo benéfica.

Um dia, como de costume, quando Olavo fazia a sua prece para dar início ao Evangelho, Helena o chamou:

– Olavo, estou precisando de você. Venha até aqui.

– Já vou, meu bem, espere um instante só.

Olavo terminou a prece, mas antes de abrir o evangelho para começar a leitura, foi ver o que Helena desejava.

– O que você quer?

– Quero que você me ajude a levantar, porque eu quero participar desse Evangelho. Eu estava cochilando e tive a sensação de ouvir uma voz baixinha a me dizer que o Evangelho de hoje vai me revelar alguma coisa.

– Então vamos – disse ele – tomando-lhe as mãos.

Acomodando-a ao seu lado, Olavo abriu aleatoriamente *O Evangelho segundo o Espiritismo*, caindo no cap. XII – item 10, e Olavo leu:

> Amai-vos uns aos outros, e sereis felizes. Tratai sobretudo de amar aos que vos provocam indiferença, ódio e desprezo. O Cristo, que deveis tornar o vosso modelo, deu-vos o exemplo dessa

> abnegação: missionário do amor, amou até dar o sangue e a própria vida. O sacrifício de amar os que vos ultrajam e perseguem é penoso, mas é precisamente, o que vos torna superiores a eles...

Após a leitura completa, Olavo fez alguns comentários que pudessem tocar o coração de Helena, que não conseguia perdoar o ultraje recebido das pessoas que ela acreditava que a amavam.

Helena, a seguir, retrucou:

– Mas a voz me dizia que alguma coisa me seria revelada!...

– É exatamente isso o que comentei: lhe foi revelado que só o perdão sincero poderá fazê-la feliz, devolvendo-lhe a alegria de viver.

Mesmo assim, Helena ainda não se sentia preparada para conseguir perdoar, mas pôde compreender que, o que realmente lhe foi revelado, é que o espiritismo não é o que ela pensava ser. Olavo aproveitou a ocasião para convidá-la novamente a assistir alguma palestra e passar a frequentar o centro com ele.

– Vou pensar –, respondeu Helena, não dando o braço a torcer.

Depois desse dia e após fortalecer-se um pouco mais, Helena começou a acompanhar Olavo às reuniões, e cada vez mais compreendia e aceitava os postulados espíritas, considerando-os verdadeiros e de muita sabedoria, pois levam à compreensão da perfeita justiça de Deus, que não privilegia ninguém, fazendo uns ricos e outros pobres, uns sãos e outros enfermos ou com alguma deficiência física ou mental, tornando uns felizes e outros sofrendo as mais duras provações, e assim por diante. Ele cria a todos simples e ignorantes para que, por meio do esforço próprio, evoluam espiritualmente.

Olavo procurava incentivá-la a ler algumas obras espíritas. Começou com os romances, que além de um bom enredo, ainda trazem ensinamentos da doutrina.

Mas o Evangelho era uma obrigação diária, que ela não deveria deixar de ler, pelo menos uma página por dia, e meditar sobre o que leu, trazendo os ensinamentos para a sua própria vida.

Sempre que chegava ao centro, Helena dirigia-se à biblioteca, a fim de escolher qual livro levaria para casa; ou então, procurava na livraria se havia algum título novo. Além dos livros psicografados por Chico Xavier, com mensagens de Emmanuel, André Luiz e outros, também gostava muito dos de autoajuda, psicografados ou não, de alguns autores da vasta literatura espírita, cujas mensagens abordassem temas da vida diária, sendo muito útil a todos nós que estamos interessados em realizar a nossa reforma íntima, a fim de vencermos as nossas imperfeições e conquistarmos algumas virtudes.

> Empregai bem esta hora que vos resta. Não vos esqueçais de que a vossa existência, por mais longa que vos pareça, não é mais do que um momento muito breve, na imensidade dos tempos que constituem para vós a eternidade.
>
> **E.S.E. (Cap. XX – item 2.)**

17. O perdão

DOIS ANOS SE passaram. Helena, porém, não quis fazer nenhum curso que o Centro oferecia gratuitamente, mas colaborava nas obras assistenciais que eram realizadas. Adorava ouvir as palestras, que muito a ajudaram em seu crescimento interior, em especial as que eram feitas por Sofia, que já exercia mais essa atividade. Orgulhava-se da filha e agradecia a Deus por ter colocado esse espírito iluminado em sua vida.

Olavo, Helena e João Paulo frequentavam as reuniões do centro às sextas-feiras à noite, mas Carminha preferia ir aos sábados pela manhã por ser, também, dia da evangelização infantil, que tanto bem continuava a proporcionar ao seu filhinho Lucas. Assim, Helena e Carminha nunca se encontravam. Também Mariana continuava a levar Tiago, já um jovenzinho, à evangelização para crianças maiores, no período da tarde.

Olavo e João Paulo se tornaram grandes amigos, sem suspeitarem do laço que os unia. A justiça divina começava a agir, em favor da reconciliação de todos.

Assim aconteceu na comemoração do Natal, em que o centro realizou uma grande festa, com distribuição de cestas básicas às famílias carentes e brinquedos para a criançada. Um dos trabalhadores do centro, caracterizado de Papai Noel, alegrava a garotada com as suas brincadeiras.

Bolos, salgadinhos e outras guloseimas eram servidos à vontade para todos os presentes.

Cada família que comparecia era agraciada com um número para concorrer ao sorteio de uma cesta de Natal.

Em meio à festa, Sofia apresentou um número musical cantando, com sua voz maviosa, algumas canções natalinas.

O presidente do centro fez uma breve preleção destacando a finalidade do Natal, que é a de unir as famílias num entrelaçamento de corações, destacando a importância do perdão, para superar quaisquer desavenças que possam separar alguns dos seus membros.

Foram palavras simples, mas que tocaram os corações de todos os presentes.

Helena e Olavo já ali se encontravam, quando adentram na festa Carminha e João Paulo e, logo depois, Flávio e Mariana.

Quando Helena e Flávio avistaram Carminha, surgiu um momento constrangedor e esta, vendo Flávio, sentiu a cabeça rodar, como se fosse desmaiar, precisando ser amparada por João Paulo, que não conseguia entender o que estava acontecendo.

Entretanto, Tiago e Lucas logo se abraçaram, com alegria, pelo feliz reencontro dos dois, que há algum tempo não se viam.

Mas como Olavo e João Paulo já haviam se tornado bons amigos, logo foram apresentar suas esposas, sem saberem do ódio que Helena nutria por Carminha.

É o passado que retorna, para lembrar que o ódio precisa ser apagado dos corações para que o amor possa reinar.

Flávio e Mariana se aproximaram dos casais; esta, sem entender o que estava acontecendo.

Nisso, chega Sofia que, vendo aquela reunião de pessoas que julgava serem bons amigos, foi logo dizendo:

– Mamãe, por que você não os convida para passarem a ceia do Natal conosco?

Ao ouvir isso, Flávio se assusta ao descobrir que Sofia é a filhinha que nunca mais viu, mas no momento se cala.

Olhando para ele e, sem saber o que dizer, Helena fica embaraçada e é Olavo quem faz o convite a todos:

- Será um prazer reunirmos todos em nossa casa nesse dia tão especial. Gostaria que aceitassem o nosso convite.

- Aceitamos, sim - respondeu João Paulo -, em nome também da esposa.

Flávio, meio constrangido, quis alegar impossibilidade de ir, mas Mariana aceitou com prazer o convite, dizendo:

- Iremos, sim!

Já em casa, Flávio explicou a Mariana o motivo de sua dúvida em aceitar, ao que ela respondeu:

- Querido, onde está a sua fé? Onde ficaram os ensinamentos que temos recebido? Não percebe que esse reencontro foi uma ação da espiritualidade para que vocês pudessem exercitar o perdão? Não é hora de esquecerem o passado e começarem a se amar como irmãos? O que passou, passou, são páginas viradas que devem ser esquecidas; e passarem a caminhar para a frente e para o Alto, sem olhar para trás.

Chegando o Natal, Helena preparou a ceia com esmero e redobrou-se em cuidados na decoração da mesa e dos enfeites natalinos.

E foi ali, em meio aos festejos, que Sofia, já ciente de tudo, inclusive do fato de Flávio ser o seu pai, erguendo um brinde, selou a paz entre aqueles corações endurecidos pelo ódio, para que se perdoassem e voltassem a se amar com pureza de coração.

Sem entender nada, Tiago chamou Lucas para ver seus presentes e os dois logo se afastaram.

A seguir, diante de todos, Sofia, olhando para Flávio, sorriu para ele e, em voz alta, exclamou:

– Vem, papai, quero aconchegá-lo em meus

braços. Sempre o amei, mesmo quando nos deixou sozinhas sem o seu carinho. Senti muito a sua falta, mas hoje, graças a Deus e ao auxílio dos bons espíritos, o tenho de volta ao meu coração e aos meus braços. O passado não importa mais; vivamos o presente. Ainda quero amá-lo muito, muito, muito!...

Ambos, com lágrimas nos olhos, ficaram abraçados por alguns instantes. Foi um momento de grande emoção.

Assim, também Helena, conseguindo perdoar Carminha, sentiu o seu coração mais leve e em paz, para que, finalmente, pudesse crescer, conforme o sonho que Sofia havia tido um dia.

E..., no céu, os anjos cantaram em louvor a um pecador que se salvou, relembrando a Parábola da "Dracma perdida", ensinada por Jesus, em que certa mulher perdeu uma dracma (moeda grega) que para ela, na sua pobreza, muito representava. Mas, ao varrer a casa, encontrou a dracma perdida e chamou as amigas para comemorar.

Assim Helena, simbolizando a dracma perdida, ao reencontrar o caminho do amor também se torna para os bons espíritos um motivo de comemoração.

> O mérito do perdão é proporcional à gravidade do mal, e não haveria nenhum em passar por alto os erros de vossos irmãos, se estes apenas vos incomodassem de leve.
>
> **E.S.E. (Cap. X – item 14.)**

18. Momentos de dor

UM ANO DEPOIS, EMBORA a amizade entre Helena e Carminha ainda não tivesse se consolidado completamente, apesar dos ensinamentos constantemente recebidos no centro que continuavam a frequentar, e das próprias famílias que as incentivavam a isso, havia um certo constrangimento entre ambas, quando casualmente se encontravam.

Entretanto, a espiritualidade haveria de proporcionar-lhes algo que pudesse, verdadeiramente, aproximá-las: a DOR.

A sabedoria de Deus é muito grande, assim como a Sua Justiça, pois, quem não aprende por amor, aprenderá pela dor.

Certo dia, ambas se encontraram numa loja e, ao se verem, cumprimentaram-se friamente, mais interessadas estavam em logo dali se retirarem, quando entraram dois homens mascarados, com armas em punho, anunciando um assalto. Nesse momento, ambas se puseram a orar, rogando a proteção divina.

Entretanto, muito nervosa, Helena sentiu-se mal e desmaiou. Um dos assaltantes, ficando irritado, disparou um tiro em sua direção, ferindo-a gravemente.

Atemorizados com a aproximação da polícia, que rapidamente foi acionada, acabaram fugindo sem quase nada levar da loja ou das pessoas que nela se encontravam.

Carminha correu a amparar Helena, até que chegasse a polícia que, providenciando uma ambulância, encaminhou-a para um hospital. Carminha não saiu de perto de Helena, acompanhando-a ao hospital e ali ficou até saber alguma informação sobre o seu estado.

Ligou para Olavo, participando o ocorrido e pediu a ele que avisasse a jovem Sofia. Em breve tempo, todos estavam no saguão do hospital, ansiosos por alguma notícia de Helena.

Familiares e amigos do casal permaneceram ali por algum tempo, mas já cansados pela espera angustiante, preferiram se retirar, solicitando que lhes dessem notícias de Helena, notícias essas que estavam retardando, por causa da gravidade do seu estado. Helena precisou submeter-se a uma intervenção cirúrgica para retirada da bala e acabou entrando em coma, estado este em que permaneceu por cerca de seis meses.

Durante todo esse tempo, Carminha esteve ao lado de Helena, no hospital, acompanhando todo o processo evolutivo do seu estado, até que, finalmente, ela despertou. Ao ver Carminha ao seu lado, Helena reconheceu o quanto injusta havia sido ao lhe devotar tanto ódio e ainda conservar alguma animosidade contra ela. Pediu-lhe desculpas e agradeceu pelo carinho e cuidados que dela estava recebendo, sem que merecesse.

Retornando ao lar, após todo o tempo em que esteve hospitalizada, foi se fortalecendo vagarosamente. Entretanto, quando todos já a consideravam praticamente boa, repentinamente, teve um infarto fulminante que a levou a óbito.

A desencarnação de Helena foi um choque para todos, em especial para Sofia que, embora tendo todo conhecimento necessário para entender e aceitar a morte, para ela foi uma perda extremamente dolorosa.

Apesar da perda sofrida, Sofia não interrompeu suas atividades espirituais no centro, pois além da responsabilidade assumida, era ali que encontrava forças para superar sua dor.

Passados três meses do desenlace de Helena, Sofia foi, como convidada, a um outro centro onde seria realizada uma palestra, cujo tema a ser abordado lhe interessava muito ouvir.

O palestrante, apesar de ainda muito jovem, já era relativamente famoso, pelo jeito cativante de falar e de expor as suas ideias com clareza, dentro do tema escolhido.

Pedro Henrique era o seu nome. Muito aplaudido, passou a receber cumprimentos de várias pessoas que estiveram presentes. Sofia esperou um pouco, e só quando percebeu que as pessoas se afastavam foi que se aproximou para cumprimentá-lo:

– Parabéns, Pedro Henrique, gostei muito da sua palestra! Seria um prazer poder ouvi-lo novamente. Não poderia fazer uma palestra também no centro onde trabalho?

– Posso, sim. Para quando seria?

– Vou falar com a pessoa encarregada dos eventos da casa e marcaremos uma data. Certo?

– Está bem. Então, eu aguardo.

Foi uma ação do destino; um encontro que havia sido programado na espiritualidade, pois, uma grande e mútua atração eles sentiram. Daí surgiram pequenos e casuais encontros, namoro, noivado, até chegarem a marcar a data do casamento: 21 de março, que seria o dia do aniversário de sua mãe Helena, em homenagem a ela.

Sofia convidou Carminha e João Paulo para serem seus padrinhos.

Após uma cerimônia simples, com poucos convidados, os noivos foram para o Nordeste em viagem de núpcias, onde ficaram por quinze dias, quando, então, retornaram muito felizes, indo morar num apartamento próximo à residência de Olavo, que não mais quis se casar, para lhe dar um pouco de apoio na velhice, que já apresentava os primeiros sinais.

Durante os dias em que permaneceram naquela região, Sofia e Pedro Henrique aproveitaram para participar de um seminário espírita que seria realizado em Fortaleza.

> O verdadeiro perdão, o perdão cristão, é aquele que lança um véu sobre o passado. É o único que vos será levado em conta, pois Deus não se contenta com as aparências: sonda do fundo dos corações os mais secretos pensamentos, e não se satisfaz com palavras e simples fingimentos.
>
> **E.S.E. (Cap. X - item 15)**

19. O retorno de Helena

ENQUANTO ISSO, NA espiritualidade, embora Helena houvesse cultivado o ódio e cometido muitos erros durante a sua passagem aqui na Terra, por ter sido uma pessoa honesta e prestimosa, dedicada ao lar e à filha Sofia, angariou alguns méritos para que pudesse ser recolhida numa colônia do plano espiritual, onde tentava reequilibrar-se física e espiritualmente. Para isso, assistia a muitas palestras e colaborava realizando algumas atividades para as quais era solicitada.

Muito se esforçava por melhorar. Tinha muita saudade de Sofia, que fora sua filha aqui na Terra e, por esse motivo, vivia pedindo para visitá-la, mas sempre lhe diziam que ainda não era o momento, pois poderia prejudicá-la enquanto não estivesse em completo equilíbrio.

Em certa ocasião, quando estava realizando uma atividade assistencial num hospital da espiritualidade, em auxílio a espíritos recentemente chegados da Terra, um mensageiro veio avisá-la de que o diretor do hospital mandara chamá-la:

– Helena, o irmão Alexandre quer lhe falar. Venha comigo; irei acompanhá-la.

Helena ia preocupada, sem saber o que o diretor queria com ela.

- Helena, minha filha - disse o diretor -, estou ciente de que você tem se esforçado bastante, procurando melhorar. Prepare-se, porém, porque brevemente deverá retornar à Terra a fim de consolidar os laços que a unem ao passado, agora baseados no amor e no perdão. Você renascerá num lar humilde, cuja mãe não terá condições de criá-la, mas será adotada por Carminha que não teve mais condições de engravidar. Será muito amada por seus pais adotivos.

Sua filha Sofia, em breve, irá se casar e receberá como filho um espírito também ligado ao seu passado, mas que muito a ajudará nesse processo de regeneração e crescimento interior.

Humildemente, Helena agradeceu ao diretor, que lhe estava dando essa oportunidade de se redimir.

Os preparativos para o reencarne de Helena se iniciaram e, cerca de dois anos após o nascimento do filho de Sofia, numa favela, aquela que seria sua mãe carnal, uma jovem que engravidara de um rapaz que a abandonou ao saber que ela seria mãe, deu à luz uma linda e sadia menina, de pele morena e cabelos encaracolados.

Sem condições de criá-la e precisando trabalhar para sustentar a mãe doente, resolveu entregá-la à adoção.

E foi assim que Helena retornou a este mundo, como filha adotiva de Carminha, para que, definitivamente, pudessem consolidar o verdadeiro perdão.

E o destino continuou cumprindo a sua missão. Pela grande amizade que unia as duas famílias, ambas as crianças conviveram como verdadeiros irmãos, sempre sob o olhar vigilante de Sofia que, nas aulas de evangelização, que jamais abandonou, procurava incutir-lhes bons princípios morais.

Helena, que agora era Alice, tinha um temperamento mais rebelde, e Cláudio, o filho de Sofia, embora ainda muito jovem, revelava ser mais ponderado, com grande tendência para os ensinamentos espíritas e, conforme havia sido revelado, muito haveria de contribuir para a evolução espiritual da menina.

E, assim, sob a orientação e o amparo de Sofia, cumpria-se finalmente o sonho que teve quando criança, de que ela deveria ajudar Helena, sua mãe, a crescer.

25 anos depois...

Cumprida sua missão aqui na Terra, chegou a vez de Sofia retornar ao plano espiritual, deixando um vazio na alma de todos aqueles que, com ela, puderam conviver.

Numa viagem que fez para participar de um evento, como convidada especial, e que seria realizado numa casa espírita de uma cidade próxima, sofreu um grave acidente de carro, que lhe tirou a vida.

Retornando à espiritualidade, foi acolhida por espíritos familiares e amigos, que a precederam nessa grande viagem. A alegria pelo seu retorno estava estampada na face de todos.

Uma grande surpresa, porém, a aguardava.

Acompanhada por Bezerra de Menezes, surge Marta, a antiga serviçal de Helena, que foi para a menina Sofia um verdadeiro anjo de guarda. Ao vê-la, Sofia abraçou-a com grande emoção.

E, pelas mãos do abnegado espírito, foi conduzida à sua antiga morada, a colônia espiritual Nosso Lar de onde partiu, um dia, em nobre missão, e da qual saiu vitoriosa. Ali, foi recebida com muito carinho pelo seu mentor espiritual, que a conduziu à presença do governador, para receber as homenagens a que fez jus.

Enquanto isso, aqui na Terra, a vida prosseguia... Mas os exemplos deixados por Sofia muito influenciaram para a redenção dos que ficaram, até que, um dia, pudessem todos se reunir novamente, como uma grande família, unida por laços eternos de um puro e verdadeiro amor.

Com a reencarnação, e o progresso que lhe é consequente, todos os que se amam se encontram na Terra e no espaço, e juntos gravitam para Deus. Há os que fracassam no caminho, retardam o seu adiantamento e a sua felicidade. Mas nem por isso as esperanças estão perdidas. Ajudados, encorajados e amparados pelos que os amam, sairão um dia do atoleiro em que caíram.

E.S.E. (Cap. IV – item 22.)

DA MESMA AUTORA:

Despertar da consciência – Uma nova visão da vida

Lúcia Cominatto |
Irmã Maria do Rosário (espírito)

Autoajuda

14x21 cm • 224 pp.

Com a finalidade de amenizar as situações difíceis que vivemos neste planeta, esta obra apresenta um elevado conteúdo para nosso despertar da consciência.

Na sublimação da alma

Lúcia Cominatto |
Irmã Maria do Rosário (espírito)

Mensagens mediúnicas

14x21 cm • 216 pp.

Mensagens que trazem conforto, orientação e esclarecimento, sempre com a visão abrangente que a Doutrina Espírita propicia. Assuntos como mudanças, críticas, desilusões, dores, paciência, fé, enganos, ingratidão, esperança, mágoas, importância da fala, perfeccionismo, renovação, caridade, solidão e preconceitos são tratados com clareza e objetividade já conhecidas nos livros anteriores da autora.